C.H.BECK  WISSEN

in der Beck'schen Reihe

Die Stadt Hamburg entwickelte sich seit dem frühen Mittelalter aus einer kleinen Niederlassung am Rande der damals bekannten Welt zur führenden Handelsmetropole Norddeutschlands, später zu einem bedeutenden Industriestandort und schließlich zu einem eigenen Bundesland. Martin Krieger bietet eine knappe Einführung zur Geschichte der Stadt/des Bundeslandes und nähert sich der Vergangenheit der Elbmetropole in einer ganzheitlichen Perspektive. Ein Überblick für alle, die sich über Hamburg und seine Geschichte kurz und präzise informieren wollen.

Martin Krieger lehrt an der Universität Greifswald Geschichte der Neuzeit. Die Schwerpunkte seiner Forschung und publizistischen Tätigkeit liegen in der nordeuropäischen Geschichte, in der Kulturgeschichte und in der Geschichte der kolonialen Expansion.

Martin Krieger

GESCHICHTE HAMBURGS

Verlag C. H. Beck

Mit 1 Karte

Originalausgabe
© Verlag C. H. Beck oHG, München 2006
Gesamtherstellung: Druckerei C. H. Beck, Nördlingen
Umschlagentwurf: Uwe Göbel, München
Printed in Germany
ISBN-10: 3 406 53595 X
ISBN-13: 978 3 406 53595 6

www.beck.de

Inhalt

Vorwort

Die vorliegende «Geschichte Hamburgs» zeichnet die Grundzüge der historischen Entwicklung dieser bemerkenswerten Stadt von den bescheidenen Anfängen als Kaufleutesiedlung im 9. Jahrhundert bis zur heutigen Millionenmetropole Norddeutschlands nach. Neben der politischen und städtebaulichen Entwicklung beschäftigt sich das Buch mit Wirtschaft, Kultur und religiösem Leben. Dabei richtet sich das besondere Augenmerk auf das Verbindende dieser einzelnen Lebensbereiche, etwa auf den Zusammenhang zwischen ökonomischer und politischer Entwicklung oder zwischen geistlichem Leben und künstlerischem Schaffen.

Auch wenn Hamburg bis ins 19. Jahrhundert hinein von mächtigen Mauern und Wallanlagen umgeben war, stellte es keinen autonomen Kosmos dar, sondern war in vielfältiger Weise mit dem näheren Umland, aber auch mit dem Kaiser und auswärtigen Mächten verbunden. Der Bedeutung dieser Kontakte will das Buch ebenfalls Rechnung tragen. Es will vor allem dazu beitragen, eine Brücke zwischen Vergangenheit und Gegenwart zu schlagen – für eine Stadt, deren reiche Geschichte sich heute in vielen Fällen nicht mehr auf den ersten Blick erschließt.

Der knappe Raum läßt es nicht zu, enzyklopädisch alle Details der hamburgischen Geschichte abzuhandeln. Vielmehr will dieser Band Schwerpunkte setzen, relevante Entwicklungen betonen, Peripheres nur am Rande streifen. Sollte einzelnen Themen zur Frühen Neuzeit ein ungebührend großer Raum zugemessen worden sein, so mag man das als verzeihliche Schwäche und persönliche Neigung des Verfassers betrachten. Dieses Buch wendet sich an den Hamburger, dem viele Orts- und Straßennamen sicherlich vertrauter vorkommen mögen als dem allgemein historisch Interessierten, für den dieses Buch ebenfalls geschrieben wurde.

Ein besonderer Dank gilt den Mitarbeiterinnen und Mitarbeitern des Lehrstuhls für Allgemeine Geschichte der Neuzeit an der Ernst-Moritz-Arndt-Universität Greifswald – insbesondere Herrn Professor Dr. Michael North – für ihre engagierte Unterstützung bei der Entstehung dieses Buches. Gewidmet ist es dem Andenken an Paul von Pisarev, der in Hamburg nach 1945 seine zweite Heimat fand.

I. Einleitung

Im Gegensatz zu den meisten heutigen Bundesländern stellte Hamburg schon Jahrhunderte vor der Gründung der Bundesrepublik Deutschland eine eigenständige, historisch gewachsene Einheit dar. Obwohl es bis in die zweite Hälfte des 18. Jahrhunderts umstritten war, ob Hamburg eine direkt dem Kaiser unterstehende Reichsstadt oder lediglich eine holsteinische Landstadt war, bildete sich schon früh eine eigene hamburgische Identität heraus, mit der sich der Hamburger kulturell und politisch von den benachbarten Territorien abgrenzte. Der Hanseat der Elbmetropole avancierte regelrecht zum Synonym für Geschäftstüchtigkeit, Kosmopolitismus und soziales Engagement.

Die günstige geographische Lage an der Schnittstelle zwischen dem weiten mittelosteuropäischen Hinterland und dem atlantischen Handelsraum beförderte nicht nur den Aufstieg von Handel und Gewerbe, sondern auch ein unvergleichliches Bevölkerungswachstum und die Entstehung von Kommunikationsstrukturen, die Hamburg seit dem Mittelalter zu einem Einfallstor für fremde kulturelle Einflüsse machten. Dennoch war die Stadt keine gesellschaftliche Idylle, wie landläufige Vorstellungen gern glauben machen wollen. So prägten auch scharfe soziale Gegensätze, Massenarmut, Hunger, Not und Krankheit das Bild der Stadt zwischen ihrer erstmaligen Zerstörung durch eine Wikingerflotte im 9. Jahrhundert und dem Feuersturm des Zweiten Weltkrieges.

Viele Jahrhunderte lang machte das Stadtgebiet kaum mehr als das von den heutigen Wallanlagen umschlossene Gelände aus, umgeben von einigen – teilweise gemeinsam mit Lübeck verwalteten – Landgemeinden. Erst im Zuge der Industrialisierung und mit dem Ausbau des Hafens wuchs Hamburg zu einer Großstadt heran. Mehrere heutige Stadtteile waren bis ins 20. Jahrhundert hinein eigenständige Orte, wie Altona und

Wandsbek, die ursprünglich zu Holstein gehörten, oder wie das südlich der Elbe gelegene, erst hannoversche, dann preußische Harburg-Wilhelmsburg. Auch wenn diese Orte erst vor rund einem dreiviertel Jahrhundert in das Hamburger Stadtgebiet integriert wurden, bildete sich zwischen ihnen und der Elbmetropole bereits in der Frühen Neuzeit eine oft wechselvolle politische, ökonomische und kulturelle Interdependenz heraus.

Schon seit Jahrhunderten machen sich die Hamburger in vielfacher Weise Gedanken über das Wesen ihrer Stadt, über deren Vergangenheit sowie den Zusammenhalt ihres oftmals fragilen Gemeinwesens. Nicht nur in der Studierstube, sondern in der breiten Öffentlichkeit wollten die städtischen Eliten seit dem beginnenden 18. Jahrhundert patriotische Gefühle und einen Sinn für die eigene Geschichte wecken, um auf diese Weise gesellschaftliche Integration zu stiften – in der Realität aber ein nur schwer umsetzbares Ziel. Symbolisch für diesen Versuch einer ganzheitlichen Betrachtung der Stadt als organisch gewachsene Einheit steht ein Modell Hamburgs, welches 1726 im Opernhaus am Gänsemarkt aufgebaut worden war und dort für einen erheblichen Menschenandrang sorgte. So schrieb die zeitgenössische Moralische Wochenschrift «Der Patriot»: «Wie viele haben nicht noch kürtzlich [...] unser Opern-Haus besucht, weil Hamburg auf einer Maschine darin vorgestellet worden, das vielleicht der grösseste Theil derselben vorher niemahls in seiner natürlichen Lage recht angesehen!»[1] Das Modell sollte dem Betrachter also die räumliche Einheit der Stadt als Bezugspunkt vor Augen führen, den Einzelnen aus seinem näheren sozialen Umfeld, etwa dem Kirchspiel, dem Amt oder der Kaufmannsstube, mental hinausführen und ihm die Möglichkeiten für seinen eigenen kleinen Beitrag zur Erhaltung dieses Kosmos «Stadt» aufzeigen.

Seit derselben Zeit entstand eine umfangreiche und vielfältige wissenschaftliche Forschung über die Vergangenheit der Elbmetropole. Für die Beleuchtung der politischen und der Verwaltungsgeschichte Hamburgs ist immer noch Johann Klefekers «Sammlung der Hamburgischen Gesetze und Verfassungen» aus den Jahren 1765–1773 unersetzlich. Sie bietet einen umfassenden Überblick über die vom Hamburger Rat bis zur Mitte des 18. Jahrhunderts erlassenen Verordnungen. Der eigentliche Begründer der historisch-kritischen Erforschung Hamburgs war jedoch Johann Martin Lappenberg (1794–1865), der um die Mitte des 19. Jahrhunderts ein umfangreiches Oeuvre zur Lokalgeschichte der Elbmetropole von der politischen Entwicklung bis zum kulturellen Schaffen vorlegte. Die darauffolgenden Jahrzehnte brachten eine Reihe von Gesamtdarstellungen unterschiedlicher Qualität hervor, wie etwa die Arbeiten von Gustav Gallois oder Carl Mönckeberg. Aus dieser Zeit stammt auch die Konstruktion eines recht einseitigen Bildes vom vermeintlich egalitären und geradezu demokratischen Hamburg in der Vergangenheit, wie es in der Zeit nach dem Zweiten Weltkrieg vor allem von dem herausragenden Hamburger Historiker Percy Ernst Schramm (1894–1970) gepflegt wurde. Jüngere Forschungen stellen die auf diese Weise konstruierte, vermeintliche soziale Idylle der Elbmetropole mittlerweile gründlich in Frage und weisen auf fehlende gesellschaftliche Mobilität, Massenarmut und mangelnde politische Partizipation zwischen dem Mittelalter und dem 20. Jahrhundert hin.

2. Wik und Hammaburg

Die Landschaften Norddeutschlands sind zum großen Teil durch die Kräfte der Eiszeiten geprägt, deren letzte – die Weichsel-Eiszeit – vor etwa zehntausend Jahren zu Ende ging. Das Vorrücken und anschließende Abschmelzen der Gletscher, die große Geröllmengen aus dem skandinavischen Raum mit sich führten, brachte die charakteristischen Grund- und Endmoränen hervor; das Schmelzwasser grub die Tunnel- und Urstromtäler, während sich im Vorfeld der Gletscher der im Schmelzwasser mitgeschwemmte Sand ablagerte und die Sanderflächen schuf. Neben den eiszeitlichen Moränen und Sanderflächen bildete sich mit der ebenen Marsch aber auch noch lange nach dem

Ende der letzten Eiszeit eine weitere Geländeformation heraus. Alle drei Geländetypen finden wir auf engstem Raum auch im Bereich des heutigen Hamburger Stadtgebietes; ja, es war gerade diese landschaftliche Vielfalt, die die Entwicklung der Stadt begünstigte.

Bei der Betrachtung der Frühgeschichte Hamburgs ergänzen sich wie anderenorts auch archäologische und schriftliche Quellen. Für Hamburg ergibt sich das besondere Problem, daß durch die jahrhundertelange Bautätigkeit sowie durch die verheerenden Verwüstungen des Zweiten Weltkrieges nur wenige archäologische Baudenkmäler aus früheren Jahrhunderten existieren; zudem fiel auch ein Großteil der städtischen Archivbestände 1842 und noch einmal 1943 den Flammen zum Opfer. Dennoch läßt sich heute anhand jahrzehntelanger intensiver stadtgeschichtlicher Forschungen ein mehr oder weniger klares Bild von der Frühzeit und dem mittelalterlichen Hamburg entwerfen. Besonders ergiebig waren in diesem Zusammenhang die archäologischen Untersuchungen im Zuge des Wiederaufbaus der Stadt nach dem Zweiten Weltkrieg.

Die Anfänge Hamburgs sind im Kontext der Herausbildung von Fernhandelsplätzen im niedersächsischen Raum zu sehen – den sogenannten Wiken. Diese sind für die Zeit seit etwa 800 n. Chr. sowohl im nordwestdeutschen Marschgebiet als auch im Binnenland archäologisch nachweisbar und unterschieden sich in ihrer Funktion als oft nur saisonal bewohnte Handelsniederlassungen deutlich von den umliegenden, landwirtschaftlich geprägten Siedlungen. Beispiele für frühe Wike mit kaufmännischer und handwerklicher Bevölkerung im nordwestdeutschen Raum sind unter anderem Emden, Groothusen und Grimersum in Krummhörn an der Emsmündung, Nesse bei Dornum, Langwarden in Butjadingen, Haithabu im dänisch-schleswigschen Raum und eben auch das frühe Hamburg. Ein besonderes Charakteristikum der meisten, in der Regel im 9. Jahrhundert noch unbefestigten Wike stellt ihre oft unmittelbare Nähe zu Burgen weltlicher oder geistlicher Herrscher dar. Diese boten mit ihren Befestigungsanlagen im Kriegsfall Schutz und lieferten gleichzeitig zahlungskräftige Konsumen-

ten für die im Wik angebotenen Handelsprodukte – gute Voraussetzungen zur Herausbildung einer Markt- und Zentral-
funktion des jeweiligen Ortes. Viele Wike waren wie auch
Hamburg durch ihre Einstraßenlage gekennzeichnet; das heißt,
die Kaufleute- und Handwerkerhäuser reihten sich wie an einer
Schnur längs eines Fernhandelsweges auf und verfügten darüber hinaus oftmals über einen direkten Zugang zum Wasser – im alten Hamburg den 1877 zugeschütteten Reichen-
straßenfleet.

Für die frühen Wike im nordwestdeutschen Raum, die als
Umschlagplätze vom Land- zum Seehandel dienten, war der Zugang zu schiffbaren Gewässern von großer Bedeutung. Ebenso
war trockener, fester Baugrund für die Errichtung der Siedlung
erforderlich. Entsprechend entstanden jene meistens in Wasser-
nähe auf Dünenzügen (Bremen) oder Geestvorsprüngen. Dabei
ging es nicht allein darum, das Gewässer – meist den Fluß – als
Handelsweg nutzbar zu machen, sondern diesen auch möglichst
leicht in Querrichtung überschreiten zu können. Seit vor- und
frühgeschichtlicher Zeit lag denn auch der geographische Mittelpunkt Hamburgs und seiner sächsischen Vorläufer an einem
natürlich begünstigten Geländesporn am Zusammenfluß von
Alster und Bille, der etwa 14 Meter über das umliegende Marschland aufragte und über jene Voraussetzungen verfügte. Hier bestand nicht nur eine Verbindung zum Wasser, sondern es existierte auch ein Landübergang über die Alster.

Die Bezeichnung *Hamburg* leitet sich von einer ersten Fe-
stungsanlage an dieser Stelle – der *Hammaburg* – ab. Der alt-
sächsische Begriff *ham* bedeutet ungefähr «Ufergelände» oder
«Marschland» und beschreibt genau die geographische Lage
Hamburgs am Übergang der Geest zu den feuchten Niederungen
von Elbe, Alster und Bille. Seit dem 13. Jahrhundert entwickelten sich aus dieser Bezeichnung die Namen *Hammenburg* und
Hambueg als Vorläufer des heutigen Stadtnamens.

Neben der geographischen spielte auch die ethnische Situation
mit den daraus resultierenden Kontakten und Konflikten eine
herausragende Rolle bei der Entstehung der Wike. Das trifft
in besonderem Maße auch auf das frühe Hamburg zu. So be-

gegneten die im Frühen Mittelalter im norddeutschen Raum siedelnden Sachsen den seit dem 7. Jahrhundert von Osten her in Richtung Ostholstein einwandernden slawischen Stammesgruppen (Obotriten). Unruhen innerhalb der slawischen Bevölkerungsgruppen und deren Vorstöße in sächsisches Gebiet zogen auch immer wieder das junge Hamburg in Form von Überfällen und Plünderungen in Mitleidenschaft. Hinzu kamen seit dem 8. Jahrhundert die Expansion des Fränkischen Reiches in Richtung Elbe und die allmähliche Unterwerfung der Sachsen durch die Franken. Im Laufe des 9. Jahrhunderts erwuchs der Siedlung außerdem mit der Expansion der Dänen nach Süden sowie den Beutezügen der Wikinger ein weiterer Bedrohungsherd.

Bereits im 7. Jahrhundert n. Chr. hatte ein befestigtes sächsisches Dorf mit einer Doppelgrabenanlage in der Nähe des Alsterüberganges bestanden. Die slawischen Obotriten, die Karl den Großen bei seiner Expansion in Richtung Norden militärisch unterstützt hatten und denen er 804 Nordelbien als Siedlungsgebiet zur Grenzsicherung gegenüber den Dänen überließ, gründeten auf dem Gelände dieses Dorfes eine eigene Siedlung. Im Jahre 808 besiegten jedoch die Dänen die nordelbischen Obotriten und schalteten damit einen wichtigen Verbündeten Karls im Norden aus. Diese Entwicklung veranlaßte den Frankenherrscher, selbst die nördlich der Elbe gelegenen Gebiete zu besetzen und die Reichsgrenze von der Elbe an die Eider zu verlegen. So fiel auch die Gegend des heutigen Hamburg 811 unter die direkte Herrschaft der Karolinger.

Auf dem Gelände der zunächst sächsischen, dann obotritischen Siedlung entstand vermutlich in den 820er Jahren eine in frühen päpstlichen Quellen als «Hammaburg» bezeichnete Festung zur Sicherung der karolingischen Herrschaft an der Elbe. Die Anlage wurde auf dem Gebiet des späteren Domgeländes errichtet. Wie archäologische Untersuchungen des Museums für Hamburgische Geschichte zwischen 1947 und 1957 sowie erneut in den 1980er Jahren zeigten, besaß die Anlage eine Grundfläche von einem Hektar und war von einem im Norden durch eine Palisade verstärkten Wall sowie einem Graben umgeben. Über die Bebauung im Inneren lassen sich kaum Aussagen machen. Die Hammaburg stellte aber zweifellos keine Burg in der modernen, landläufigen Vorstellung von einer mittelalterlichen Adelsburg dar. Statt dessen dürfte sie als befestigter Zentralort mit spezifischer gesellschaftlicher Schichtung und Arbeitsteilung stadtähnliche Funktionen wie Rechtsprechung, Handel und Gewerbe im sonst weitgehend städtelosen nordwestdeutschen Gebiet wahrgenommen haben. Nach kanonischem Recht hatte auch ein Bischof in einer Stadt zu residieren – und so dürfte die Hammaburg allein aus kirchenrechtlichen Gründen bald schon nominell zur Stadt avanciert sein.

Südlich und westlich der Hammaburg entstand in dieser Frühzeit ein Wik aus Hütten, die mit Flechtwänden oder aus Holzbohlen gebaut und mit Strohdächern versehen waren. Zudem wurden bei Ausgrabungen an der heutigen Kleinen Bäckerstraße die Überreste von mit Pfählen und Bohlen errichteten Schiffsanlegestellen entdeckt. Hier wurden neben Getreideresten vor allem Importgüter aus dem Frankenreich – wie Waffen, Keramik oder Tuche –, slawische Keramik und norwegischer Speckstein gefunden, die auf einen lebhaften Handel deuten. Auch wenn ein Marktprivileg, welches dem Fernhandel Schutz und Rechtssicherheit gewährt hätte, aus dieser Frühzeit Hamburgs nicht überliefert ist, deuten jedoch indirekte Hinweise aus späterer Zeit darauf hin, daß bereits damals ein solches, vom fränkischen König ausgestelltes Privileg für einen Markt beim heutigen Alten Fischmarkt existierte.

Die aus Burg und Wik bestehende karolingische Siedlung am Alsterübergang wurde in der Folgezeit zu einem wichtigen Stützpunkt der christlichen Mission im paganen Norden ausgebaut. Bereits 814 war dem Bistum Bremen Dithmarschen als Missionsbezirk zugesprochen worden, während das Bistum Verden Holstein und Stormarn erhielt. Allerdings kann zu einem solch frühen Zeitpunkt von einer tatsächlichen Missionsarbeit keine Rede sein. Erste Initiativen zu einer wirklichen Nordgermanenmission gingen um 822 vom Erzbischof Ebo von Reims aus (amtierte 816–834; später Bischof von Hildesheim). Die Quellenüberlieferung läßt Ebo allerdings deutlich in den Schatten des Missionars Ansgar treten, des «Apostels des Nordens». Über dessen Leben sind wir durch die von seinem Schüler, Vertrauten und Nachfolger als Erzbischof, Rimbert (ca. 830–888), verfaßte «*Vita Anskari*» gut unterrichtet. Noch im Späten Mittelalter genoß Ansgar im Kontext dieser Überlieferung Heiligenverehrung und wurde von den gläubigen Hamburgern als deren Schutzherr und Fürsprecher (*intercessor*) im Himmel betrachtet.

Ansgar entstammte vermutlich einer sächsischen Familie, war selbst aber in der französischen Picardie geboren. Nach seiner Ausbildung als Geistlicher, die stark von irisch-keltischen Klostervorstellungen geprägt war, wurde er um 822 in das neu gegründete Kloster Neu-Corbie (das heutige Corvey) gesandt. Von dort aus unternahm der Benediktiner Missionsreisen in den norddeutschen Raum, zunächst aber offensichtlich ohne größeren Missionserfolg. Im Auftrage Kaiser Ludwigs des Frommen machte sich Ansgar schließlich 830/831 zu einer großen Missionsreise nach Schweden auf den Weg, um die wenigen dort bereits lebenden Christen zu betreuen und durch weitere Mission einen potentiellen Verbündeten für den Kaiser im Norden aufzubauen. Die schriftliche Überlieferung nennt dasselbe Jahr 831 als das Gründungsjahr des Bistums Hamburg, welches bereits 832 durch Papst Gregor IV. zum Erzbistum erhoben wurde. Rimbert berichtet über die Absichten des Kaisers:

«Im Bewußtsein der schon früher zur Verehrung Gottes eingeleiteten Unternehmungen bei den Dänen lobte und dankte er dem allmächtigen Gott und hielt in brennendem Glaubenseifer jetzt die Zeit für eine Prüfung der Frage gekommen, wie sich im Norden, an der Grenze seines Reiches, ein Bischofssitz errichten lasse. […] Er errichtete deshalb mit Zustimmung der Bischöfe und einer zahlreich besuchten Synodalversammlung für das äußerste Gebiet Sachsens jenseits der Elbe in der Burg Hamburg [im lateinischen Original: in civitate Hammaburg] einen Erzstuhl, dem die gesamte Kirche Nordelbiens unterstehen und der für alle Länder des Nordens Vollmacht haben sollte, Bischöfe und Priester zu weihen, um sie im Namen Christi in jene Länder zu senden.»[2]

Mit der Gründung des Erzbischofssitzes sollte also ein Stützpunkt der Skandinavienmission am äußersten Nordrand des

Reiches unter Ansgars Leitung geschaffen werden. Diese Entwicklung deutet auf einen raschen Bedeutungszuwachs der Hammaburg und des benachbarten Wikes zwischen 808 und 832 hin.

In der Hammaburg baute Ansgar eine der Gottesmutter geweihte hölzerne Taufkapelle als Vorläufer des späteren Doms. Hier wurden die ersten Reliquien aufbewahrt, die dem Missionswerk zusätzlich Kraft verleihen sollten: Knochen der Heiligen Sixtus und Sinnitius. Die wirtschaftliche Grundlage des neuen Erzbistums war schmal, verfügte es doch über keinen nennenswerten territorialen Besitz. Allein das Kloster Torhout in Flandern war Hamburg als Einkommensgrundlage zugeordnet, ging nach dem Tode Ludwigs des Frommen mit der Reichsteilung 843 aber wieder verloren.

Auch wenn die Siedlung mit der Expansion des Karolingerreiches bis an die Eider ihre Position als Grenzort verloren hatte, waren die Zeiten keineswegs sicherer geworden. Einen gravierenden Bruch in der historischen Entwicklung stellte der Überfall einer Wikingerflotte im Jahre 845 dar. Nur mit Mühe konnte Ansgar fliehen und die Reliquien retten, wie uns noch einmal Rimbert berichtet:

«Aber während Diözese und Mission sich lobenswert und gottgefällig entwickelten, tauchten ganz unerwartet wikingische Seeräuber mit ihren Schiffen vor Hamburg auf und schlossen es ein [...]; als der Bischof dort von ihrem Erscheinen hörte, wollte er zunächst mit den Bewohnern der Burg und des offenen Wiks den Platz halten, bis stärkere Hilfe käme. Aber die Heiden griffen an; schon war die Burg umringt; da erkannte er sich zur Verteidigung außerstande, und nun sann er nur noch auf Rettung der ihm anvertrauten heiligen Reliquien; seine Geistlichen zerstreuten sich auf der Flucht nach allen Seiten, er selbst entrann ohne Kutte nur mit größter Mühe.»[3]

Die Hammaburg wurde geplündert, niedergebrannt und in der Folgezeit offensichtlich nicht wieder als Burganlage aufgebaut. Ansgar verließ den Ort und übernahm das Kölnische Suffraganbistum Bremen, welches drei Jahre nach dem Wikingerüberfall an das Erzbistum Hamburg angeschlossen und fortan als Erzbistum Hamburg-Bremen von Bremen aus verwaltet wurde. Die

Position des jungen Erzbistums Hamburg-Bremen blieb jedoch
juristisch lange Zeit umstritten, und erst mehr als ein Jahrtausend
später – im Jahre 1995 – sollte Hamburg mit Ludwig Averkamp
wieder Sitz eines katholischen Erzbischofs werden.

Neben alten Anrechten Verdens auf Hamburg waren es hauptsächlich Kölner Ansprüche, die die Unabhängigkeit Hamburg-
Bremens bedrohten, vor allem als zur Zeit Rimberts die Nordgermanenmission für einige Zeit zum Erliegen kam. So wurden
895 die erzbischöflichen Privilegien aufgehoben und der damalige Hamburg-Bremer Erzbischof Adalgar ein Suffragan Kölns.
Erst im 10. Jahrhundert erfolgten eine erneute Emanzipation
Hamburg-Bremens und eine Wiederaufnahme der Mission im
Norden. Langfristig verlor Hamburg-Bremen aber ohnehin mit
dem Aufstieg der skandinavischen Königreiche und spätestens
mit der Gründung des Erzbistums Lund seine Rolle als Zentrum
der Nordgermanenmission. Daran konnte auch die ambitio-
nierte Machtpolitik Bischof Adalberts von Bremen im 11. Jahrhundert nichts ändern, über die der Leiter der Bremer Domschule, Adam von Bremen, in seiner «Bischofsgeschichte der
Hamburger Kirche» berichtet.

Die der Hammaburg benachbarte weltliche Wik-Siedlung
scheint sich rasch von dem Wikingereinfall 845 und nachfol-
genden Slaweneinfällen in der zweiten Hälfte des 9. Jahrhunderts
erholt zu haben. Auch behielt der Ort, an dem Ansgars Taufkapelle gestanden hatte, die herausragende sakrale Bedeutung
bei. Das Kirchengebäude wurde denn auch 858 und nach einer
erneuten Zerstörung durch die Slawen im 10. Jahrhundert als
hölzerner Dombau immer wieder neu errichtet, und der dortige
Altar der Gottesmutter stellte über Jahrhunderte das bedeutendste Heiligtum Hamburgs dar. Auch wenn der Mittelpunkt
des Erzbistums nunmehr in Bremen lag, übte die Aura, die das
Wirken Ansgars in Hamburg umgab, noch im 11. Jahrhundert
eine so große Anziehungskraft auf seine Nachfolger aus, daß
die Erzbischöfe sich oft mehrere Monate lang am Hamburger
Mariendom aufhielten und dort auch immer wieder die großen
christlichen Feste feierlich begingen. Im Jahre 965 erlebte der
Hamburger Dom einen berühmten Zuzug. Der von Kaiser Otto

verbannte Papst Benedikt V. hielt sich hier bis zu seinem Tod im darauffolgenden Jahr auf. Der Leichnam des später heiliggesprochenen Papstes wurde allerdings wieder exhumiert und nach Rom überführt.

Neben der bischöflichen Gewalt residierte im Gebiet der einstigen Hammaburg auch ein weltlicher Vertreter der Karolinger und ihrer Nachfolger im Norden des Reiches. Im Jahre 966 wurde Hermann Billung vom deutschen König Otto I. zum Statthalter im Norden ernannt. Er baute als Markgraf seine Macht systematisch aus, und ihm gelang es, sein Amt auch an seine Nachkommen zu vererben und sich allmählich von der Kontrolle des Königs zu emanzipieren. Nahezu zwei Jahrhunderte lang trugen die Billunger den sächsischen Herzogstitel. Damit erwarben sie gleichzeitig die Oberrechte über die aus den ehemaligen sächsischen Gauen hervorgegangenen Grafschaften Dithmarschen und Holstein-Stormarn. Auch wenn die Geschichte dieser Grafschaften in der Zeit vor dem 12. Jahrhundert nur schemenhaft erkennbar ist, scheinen die Billunger zumindest zeitweise im 11. Jahrhundert neben der Herzogswürde auch die gräfliche Gewalt in Holstein-Stormarn innegehabt zu haben.

Zwischen den Billungern und der Hamburg-Bremer Geistlichkeit, die in der Regel stärker zur Seite des Reichsoberhauptes tendierte und die Hoheitsrechte über das Domgelände (die sogenannte Domimmunität) beanspruchte, bildete sich im Laufe der Zeit ein Machtkampf um die Herrschaftsrechte über Hamburg heraus. Der Dualismus zwischen Billungern und Erzbistum führte zur Entstehung mehrerer befestigter Anlagen. So errichtete Erzbischof Bezelin Alebrand (amtierte 1035–1043) um 1035 ein sogenanntes «steinernes Haus», einen Wohnturm, während der Billunger Bernhard II. auf dem Gelände des heutigen Rathauses eine Turmburg errichtete – die «Alsterburg» – und dessen Sohn Ordulf jenseits der Alster 1061 mit der «Neuen Burg» eine zusätzliche befestigte Anlage der weltlichen Statthalter hinzufügte. Ein weiteres Bollwerk der Bischöfe kam etwa zur selben Zeit hinzu, als Bischof Adalbert um 1060 eine Verteidigungsanlage auf dem Süllberg etwa zwölf Kilometer westlich der Stadt zum Schutz vor Angriffen errichtete. Diese Befestigung wurde allerdings bald durch umliegende Bewohner wieder zerstört. Während man bereits im ausgehenden 19. Jahrhundert auf die Reste der Alsterburg auf dem Gelände des heutigen Rathausmarktes stieß, wurden erst 1953/1954 die Überreste der «Neuen Burg» entdeckt. Der archäologische Befund deutet auf die Zerstörung dieser «Neuen Burg» durch eine Sturmflut hin, möglicherweise durch die bei Helmold von Bosau erwähnte Flut vom 17. Februar 1164. Im Jahre 1962 wurden am Speersort mit großer Wahrscheinlichkeit die heute zu besichtigenden Fundamente des «Steinernen Hauses» (Rundturm mit angeschlossenem Brunnenhaus) gefunden. Mit dieser Entdeckung wurde erstmals der Beweis erbracht, daß im Norden schon vor dem 12. Jahrhundert weltliche Steingebäude existierten.

Erzbischof Bezelin Alebrand, der sich auch in Bremen durch eine rege Bautätigkeit auszeichnete, beließ es nicht bei dem «Steinernen Haus», sondern ließ auch den Dom neu errichten – dieses Mal ebenfalls als Steingebäude, in architektonischer Anlehnung an den Bremer Dom und von ungefähr denselben enormen Ausmaßen wie der damalige Kölner Dom. So berichtet der Chronist Adam von Bremen: «Bischof Alebrand aber hielt wegen der Schwäche des Ortes einen stärkeren Schutz gegen die häufigen Überfälle der Feinde für notwendig und ließ als erstes von allem die zu Ehren der Gottesmutter erbaute Kirche aus Quadersteinen aufführen.»[4] Dabei importierte der Erzbischof Bautechniken aus dem Rheinland und Italien nach Norddeutschland. Domturm, «Steinernes Haus» und «Alsterburg» finden sich heute als die drei Türme hinter der mittelalterlichen Stadtmauer im Hamburger Stadtwappen wieder.

Zu der aus dem Dualismus zwischen weltlicher und geistlicher Macht resultierenden inneren Schwächung kamen immer wieder Überfälle der benachbarten Slawen wie in den Jahren 915, 983, 1066 und 1072. Zur Sicherung der Siedlung vor slawischen Angriffen entstand im 10. Jahrhundert der sogenannte «Heidenwall» als Verteidigungsanlage zwischen Alster- und Billeniederung. Weitere Einfälle der Slawen führten in den darauffolgenden Jahrhunderten zu einer mehrfachen Verstärkung und Erweiterung der Anlage. Trotz dieser Bedrohung wuchs der Wik im 11. Jahrhundert weiter, vor allem westlich der Domimmunität, wo sich mit dem sogenannten «Berg» in einem neuen, durch Handwerk geprägten Siedlungsbereich ein weiterer ökonomischer Mittelpunkt entwickelte.

3. Stadtwerdung

11. und 12. Jahrhundert waren im nordwestdeutschen Raum durch die Vergrößerung einer ganzen Reihe der frühen Wike und deren Wandel zu befestigten Städten gekennzeichnet. Oft verschmolzen Wik und benachbarte Burg oder Domimmunität zu einem einheitlichen Siedlungsgebiet. Diese Entwicklung wurde meist durch die Verleihung von Markt-, Münz- oder Zollrechten durch die weltlichen oder geistlichen Stadtherren gefördert, die ein direktes Interesse am ökonomischen Wohlstand ihrer unmittelbaren Umgebung hatten. Hinzu kam die großräumige Erschließung von Marschgebieten in dieser Zeit, womit gerade städtische Siedlungen im Übergangsbereich zwischen Geest und Marsch wie Bremen, Stade und Hamburg ihr agrarisch geprägtes Hinterland und damit ihren Einzugsbereich als zentrale Marktorte erheblich vergrößern konnten. Im Gegensatz zum oft nur saisonalen oder stark fluktuierenden Handel der frühen Wike institutionalisierten sich nun auch regelmäßige städtische Märkte – sowohl Nah- als auch Fernhandelsmärkte. Gerade die Etablierung von Nahmärkten, die der Versorgung einer stetig wachsenden Bevölkerung mit Grundnahrungsmitteln dienten, festigte das ökonomische Band zwischen Stadt und ihrem Hinterland und ist nach Max Weber geradezu kennzeichnend für eine europäische Stadt.

In dieser Zeit dehnte sich die Handwerker- und Kaufleutesiedlung, die den Dombezirk umgab, auf Grund ihrer verkehrsgünstigen Lage stetig aus und erstreckte sich schließlich im

Westen bis zum Alsterlauf, im Süden bis in die Gegend der heutigen Ost-West-Straße sowie im Osten schon bis zum «Heidenwall». Im Norden erreichte die Besiedlung die Gegend des heutigen Rathausmarktes. Das entstehende Hamburg zeichnete sich immer noch durch eine lockere Bebauung aus, die durch hölzerne Ständerbauten mit verputztem Flechtwerk charakterisiert war. Ziegelbauweise für Privatgebäude setzte sich erst nach einem verheerenden Stadtbrand im Jahre 1284 in größerem Umfang durch. Mit großer Wahrscheinlichkeit entstand in den 1120er Jahren mit St. Petri die – allerdings nicht vor 1195 urkundlich erwähnte – erste Kirche Hamburgs außerhalb der Domimmunität.

Parallel zur steten Vergrößerung der Stadt vollzog sich auch ein grundlegender politischer Wandel. Um 1110 belehnte der Herzog von Sachsen den aus dem mittleren Wesergebiet stammenden Adolf I. von Schauenburg mit der Grafschaft Holstein-Stormarn, zu der auch Hamburg gehörte. Der systematische Ausbau der Grafschaft zeitigte ebenso in Hamburg seine Auswirkungen. Unter Adolf I. und seinen Nachkommen erfuhr die Alsterburg einen weiteren Ausbau, und unter Adolf III. wurde neben der alten erzbischöflichen Siedlung um den Dombezirk mit großer Wahrscheinlichkeit um 1186 oder 1187 auf dem Gelände der Neuen Burg eine Neustadt gegründet. Diese wurde durch den Ritter und Unternehmer Wirad von Boizenburg planmäßig kolonisiert. Nach der Aufschüttung des Geländes mit Sand und Lehm – um es vor Hochwasser zu schützen – ließen sich dort etwa 80 Siedler nieder, und es entstand ein neuer Hafen in der Nähe der Alstermündung mit Kran und Waage. Die Anlage dieses Hafens in größerer Nähe zur Elbe war nicht zuletzt dem Aufkommen der Kogge als neuem Schiffstyp mit größerem Tiefgang geschuldet. Von der Neustadt aus erschlossen die Hamburger Kaufleute fortan drei Regionen für ihren überregionalen Handel: den flandrisch-niederländischen Raum, die Ostsee sowie das Binnenland von Mitteldeutschland bis Mittelosteuropa. Die Neustadt erhielt vor 1195 die dem Schutzpatron der Kaufleute geweihte Kapelle und spätere Kirche St. Nikolai. Ihre eigentliche Größe erreichte die Kirche aber zweifellos erst nach dem großen Stadtbrand von 1284. Die Dimensionen von St. Nikolai sind ein deutlicher Beleg für die Finanzkraft, über die die junge Neustadt als Handelsplatz bald verfügte.

Lange Zeit galten ein überliefertes Privileg Herzog Adolfs III., das dem Jahr 1186 oder 1187 zugeordnet wurde, und ein Kaiser Friedrich Barbarossa zugeschriebenes Privileg aus dem Jahr 1189 als die eigentlichen Gründungsdokumente und Freibriefe der Neustadt. Erst in jüngster Zeit wurden diese beiden Dokumente als Fälschungen ausgemacht und ihre Entstehung erst auf die Zeit um 1225 datiert – was allerdings nicht automatisch bedeutet, daß ursprüngliche Privilegien niemals existiert hätten. Dennoch wurden gerade mit dem vermeintlichen Freibrief Friedrich Barbarossas Traditionen geschaffen, die auch noch acht Jahrhunderte später große Bedeutung besitzen und beispielsweise 1989 Anlaß zum festlichen Begehen des vermeintlichen (oder realen) achthundertsten Hafengeburtstags boten. Nur etwa zwei Jahre nach der angeblichen Ausstellung des kaiserlichen Privilegs gewährte auch der Sachsenherzog Heinrich der Löwe nach Rückkehr aus dem englischen Exil und der Eroberung ganz Nordelbiens den Hamburgern – auch den Einwohnern der bischöflichen Altstadt – das Recht zu freiem Handel auf der von ihm beanspruchten Oberelbe östlich der Stadt. Das Privileg Heinrichs des Löwen begründete einen beträchtlichen Binnenhandel über die Oberelbe und daraus resultierend auch einen weiter wachsenden Warenaustausch mit dem Westen. Der in den Quellen am häufigsten genannte Anlaufhafen dieses sich entwickelnden Entrepôthandels war Gent, woher die Hamburger vor allem Wolltuche importierten. Aus Holland und Friesland kamen Milch- und Fleischprodukte. Über die Ostsee und von Lübeck aus über den Landweg erreichten die Stadt Getreide, aber auch Pelzwaren und Waldprodukte (u. a. Honig, Wachs und Pech) aus dem osteuropäischen Raum, die in Hamburg zu einem großen Teil für den Weitertransport in Richtung Nordsee umgeschlagen wurden.

Auch wenn Hamburg seit Gründung der Neustadt zu den größten städtischen Siedlungen im nordwestdeutschen Raum zählte, stellte es bei weitem noch kein herausragendes Zentrum wie in späterer Zeit dar, sondern wurde von anderen Orten – wie beispielsweise vom durch den Elbstrom vor Slaweneinfällen geschützten Stade – an ökonomischer Bedeutung übertroffen. Auch Bardowick im Grenzraum zwischen Slawen und Sachsen sowie das im 11. Jahrhundert an der Mündung der Schwartau in die Trave entstandene slawische Alt-Lübeck stellten wichtige Handelsplätze dar, die es an Größe und Bedeutung durchaus mit Hamburg aufnehmen konnten.

Von besonderer Bedeutung für den markanten Ausbau Hamburgs im 13. Jahrhundert war das städtebauliche Wirken des Grafen Adolf IV. von Schauenburg. So wurde die Grimm-Insel nach drei verheerenden Sturmfluten zwischen 1216 und 1219 eingedeicht und später in rechteckige Parzellen eingeteilt und bebaut. Am Ufer entstanden Schiffsanlegeplätze. Zudem wuchsen Alt- und Neustadt immer stärker zu einer ökonomischen und sozialen Einheit zusammen. 1228 erreichte Adolf IV., der sich durch eine besondere Frömmigkeit und Stiftertätigkeit auszeichnete, als Anerkennung für seine Verdienste um die Kirche die Übergabe der bischöflichen Altstadt an seine Herrschaft. Die Vereinigung von Alt- und Neustadt beschleunigte die städtebauliche und ökonomische Entwicklung Hamburgs weiter. Auf ein stetes Wachstum deutet auch die Gründung zweier weiterer Kirchspiele – St. Katharinen für Grimm und Cremon-Halbinsel und um 1250 St. Jacobi östlich des Heidenwalles, das in den 1460er Jahren in die Stadtbefestigung eingeschlossen wurde. Das Kirchspiel von St. Jacobi reichte über die Grenzen der Stadt hinweg weit in Richtung Osten und Süden bis zu den Orten Barmbek, Wandsbek, Horn, Hamm und die Veddel. Die Grundsubstanz der heute existierenden Jacobikirche geht auf das 14. Jahrhundert zurück, erfuhr im Laufe der Zeit aber erhebliche Veränderungen, wurde im Zweiten Weltkrieg in großen Teilen zerstört und zwischen 1947 und 1963 wieder aufgebaut.

Bereits 1189 war auf der Höhe des heutigen Großen Burstah ein Damm durch die Alster errichtet worden, um mit dem so aufgestauten Wasser eine Kornmühle zu betreiben. Doch schon nach wenigen Jahrzehnten war diese Mühle in Anbetracht einer stetig wachsenden Bevölkerung nicht mehr ausreichend, so daß die Stadt kurz vor 1245 etwas weiter flußaufwärts einen wesentlich längeren Damm mit einer Mühle (Obermühle) errichten ließ, der die Alster nördlich der Stadt zu einem großen See aufstaute: die heutige Binnen- und Außenalster. Auf diesem einstigen Reesendamm (benannt nach dem Müller Heyne Reese) entstand schließlich der heutige Jungfernstieg. Da der neue Damm den Wasserweg zwischen Oberalster und Elbe blokkierte, wurden hier Lager- und Handelsplätze (Huden) eingerichtet, auf denen vor allem das in der Stadt benötigte Holz umgeschlagen wurde. Nachteilig wirkte sich die Tatsache aus, daß sich durch den Dammbau die Wasserzufuhr zu den Hafenanlagen der Neustadt am Unterlauf der Alster verringerte, was auf lange Sicht eine Verlegung des Hafens in Richtung Elbe erforderlich machte.

Wie anderenorts auch, brachte das 13. Jahrhundert in wachsendem Maße die Verschriftlichung und Institutionalisierung des gesellschaftlichen Lebens mit sich. Ein Rat als städtisches Regierungsorgan ist erstmals für die Zeit um 1224/1225 urkundlich belegt. Im 13. Jahrhundert besaß der Rat 30 Mitglieder, denen zwei Bürgermeister vorstanden; dominiert wurde er von den machtvollen Großkaufleuten der Stadt. Die von Kleinkaufleuten und Handwerkern geprägte übrige Bürgerschaft artikulierte in dieser Zeit ihre oft vom Rat divergierenden Interessen durch einen Weisenrat (*Wittigesten*), der bei allen wichtigen Angelegenheiten angehört werden mußte.

Das unter dem Einfluß des langjährigen Hamburger Ratskanzlers Jordan von Boizenburg verschriftlichte Stadtrecht (*Ordeelbook*) trat 1270 in Kraft und vereinigte erstmals Zivil-, Straf- und Prozeßrecht. Ebenso untersagte es Adligen sowie Beamten des Grafen von Holstein den Erwerb von Grundbesitz in der Stadt. Bemerkenswerterweise unterstand auch die Rechtsprechung fortan nicht mehr dem Landesherrn, sondern dem Hamburger Rat, was auf einen allmählichen Emanzipationsprozeß der Stadt von den Grafen von Holstein deutet. Auch die *Burspraken*, die Niederschrift von Vereinbarungen zwischen Rat und

Bürgerschaft, wiesen seit dieser Zeit auf eine wachsende Verschriftlichung der politischen Alltagsgeschäfte hin.

Trotz wachsender politischer Selbständigkeit wurde Hamburg im 13. Jahrhundert immer wieder in Auseinandersetzungen des Lehnsherrn der Schauenburger Grafen – des Sachsenherzogs Heinrich des Löwen – mit der kaiserlichen Seite verwickelt, wobei die Schauenburger während dieser Konflikte in der Regel die Fronten zugunsten des Reichsoberhaupts wechselten. Der letztliche Nutznießer der Auseinandersetzungen zwischen Sachsenherzog und Kaiser waren allerdings die Dänen, die in Richtung Süden expandierten und denen 1214 durch den Staufer Friedrich II. alle Gebiete nördlich der Elbe übertragen werden mußten. Schon an den Weihnachtstagen des Jahres 1201 war Adolf III. von Schauenburg in dänische Gefangenschaft geraten. Auch Hamburg fiel für einige Jahre unter die Herrschaft des dänischen Königs, die von dessen Statthalter Graf Albrecht von Orlamünde ausgeübt wurde. Bereits seit 1223 begann allerdings die allmähliche Zurückdrängung des Dänenkönigs Waldemar II. aus der Region durch norddeutsche Fürsten, und nur zwei Jahre später öffneten sich für den Schauenburger Grafen Adolf IV. die Tore Hamburgs. Aber erst die vernichtende Schlacht von Bornhöved am 22. Juli 1227 beendete die Vorherrschaft des Dänenkönigs vollständig und führte zur offiziellen Restitution der Schauenburger als Landesherren von Stormarn-Holstein einschließlich Hamburgs. Aus Dankbarkeit stiftete Graf Adolf IV. von Schauenburg in Hamburg das Franziskanerkloster St. Maria Magdalenen – benannt nach der Tagesheiligen der Schlacht von Bornhöved –, welches sich auf dem Gelände der heutigen Börse befand und in das er später selbst als Bettelmönch eintrat.

Neben der politischen Nähe zu den Schauenburgern erfuhr Hamburg im 13. Jahrhundert eine schrittweise Integration in die Hanse zur rechtlichen Absicherung und zum militärischen Schutz des Handels. Integration in die Hanse bedeutete für Hamburg in erster Linie Anlehnung an Lübeck, das politische Zentrum dieser Vereinigung und Wirtschaftsmetropole im südlichen Ostseeraum. Seit 1230 schloß Hamburg mit Lübeck Verträge, die einerseits mit der Hamburgisch-Lübischen Mark eine gemeinsame Währung, andererseits auch die Sicherheit der Handelsrouten zwischen beiden Städten gewährleisteten. Hamburg entwickelte sich im Laufe der Zeit zum Ausfallstor des großen Nachbarn zur Nordsee und nach Westeuropa hin. An den Auseinandersetzungen der Hanse gegen Dänemarks König Waldemar IV. Atterdag in den 1360er Jahren nahm Hamburg hingegen nur zögerlich teil, und es weigerte sich trotz des Protests der anderen Hansestädte, Dänemark den Krieg zu erklären. Hier deutet sich erstmals eine auch in der Frühen Neuzeit von der Stadt verfolgte Politik der Neutralität an.

Hamburg bemühte sich in der Hansezeit aber nicht ausschließlich darum, die Verbindungen mit Lübeck zu sichern, sondern auch um Sicherheit auf der sich immer stärker zur Lebensader entwickelnden Elbe. Vom Herzog von Sachsen-Lauenburg, dem das im heutigen Niedersachsen gelegene Land Hadeln gehörte, erhielt Hamburg die Erlaubnis, auf der Insel Nige O in der Elbmündung eine Befestigung zu errichten, und im Jahre 1310 wurde dort ein befestigter hölzerner Turm fertiggestellt. Das heutige auf dieser Insel Neuwerk erhaltene Steingebäude – wohl das älteste steinerne Bauwerk auf Hamburger Territorium – stammt indes erst aus dem Jahr 1377. 1394 erwarben Bürgermeister und Rat zudem von den sich in Geldnot befindenden Herren von Lappe Schloß und Herrschaft Ritzebüttel mit einigen umliegenden Dörfern an der Elbmündung – das spätere Cuxhaven. Eine regelrechte Landesherrschaft Hamburgs über Ritzebüttel bestand aber erst seit dem ausgehenden 15. Jahrhundert. Ebenso erlangte Hamburg in dieser Zeit Pfandbesitz im Amt Steinburg auf dem Ritzebüttel gegenüberliegenden Elbufer.

Spätestens seit den 1440er Jahren legte die Stadt im Elbstrom Tonnen und Baken aus, was mit dem Versuch Hamburgs in Verbindung stand, die Hoheit über die Niederelbe zu erlangen. Schon 1359 hatte die Stadt ein kaiserliches Privileg erwirkt, das sie berechtigte, Räuber auch auf Wasserstraßen mit militärischer Gewalt zu verfolgen. Dieses Privileg ist im Zusammenhang mit dem Bemühen Kaiser Karls IV. zu sehen, die Flüsse Elbe und

Moldau zu einem bedeutenden europäischen Handelsweg aus-
zubauen. Untermauert wurde der Hamburger Machtanspruch
über die Niederelbe durch zwei weitere kaiserliche Privilegien
aus den Jahren 1468 und 1482, die der Stadt Gerichtsbarkeit
auf dem Elbwasser zuerkannten. Auch oberhalb Hamburgs
sicherte sich die Stadt wichtige Zollrechte. So war Hamburg gemeinsam mit Lübeck seit 1420 im Pfandbesitz von Bergedorf,
zu dem auch die Zollstätte Eßlingen gehörte.

Einen weiteren wichtigen Transportweg neben der Elbe stellte
die Alster dar, über die Bauholz und Segeberger Kalk bezogen
wurden. Im beginnenden 14. Jahrhundert erwarb die Stadt denn
auch vom Grafen von Holstein das Besitzrecht über diesen Fluß.
Durch Kauf und als Pfandbesitz war im Laufe des 14. Jahrhunderts in erheblichem Maße auch umliegendes Land in den Besitz
der Stadt gelangt; ebenso erwarb Hamburg gemeinsam mit
Lübeck zur Sicherung der Verkehrswege zwischen den beiden
Städten gelegenen Besitz auf Kosten des Herzogs von Sachsen-
Bergedorf-Mölln. Auf diese Weise wurden unter anderem die
Vierlande, Geesthacht und der Zollenspieker über Jahrhunderte
von beiden Städten gemeinsam verwaltet, bis Hamburg diese
1867 finanziell auslöste und ganz in seinen Besitz brachte.

Trotz des Bemühens um Handelssicherheit zog der stetig
wachsende Nordseehandel in immer größerem Umfange Seeräuber an. Seit der zweiten Hälfte des 14. Jahrhunderts hatte
sich die Seeräuberei geradezu zu einem Bestandteil der militärischen Auseinandersetzung zwischen Dänemark und Schweden
um die Herrschaft über die Ostsee (*Dominium Maris Baltici*)
entwickelt. Nach dem Frieden von Kalmar sowie der Verdrän-
gung ganzer Seeräubergruppen von Gotland durch den Deutschen Orden suchten viele Seeräuber um 1400 in der Nordsee
gleichsam ein neues Betätigungsfeld. Diese «Vitalienbrüder»
oder «Likedeeler» gründeten ihre Niederlassungen in den flachen und für Kriegsschiffe unzugänglichen Häfen zwischen
Elbe und Ems und störten von hier aus den Hamburger Handel
empfindlich. Die bekanntesten und berüchtigtsten Seeräuber –
Gödeke Michels und Klaus Störtebeker – konnten 1400/1401
überwältigt und hingerichtet werden. Dennoch gelang es den

Hamburgern trotz eines massiven militärischen Aufgebots durch den späteren Bürgermeister Simon van Utrecht (1433 Eroberung Emdens) aber erst in den 1520er Jahren, der Seeräuberei an den deutschen Nordseeküsten endgültig Herr zu werden.

Dennoch erwarb sich Hamburg im ausgehenden Mittelalter eine Position als neben Lübeck führende norddeutsche Handels- und Gewerbestadt. Schon im Jahre 1325 verkauften die Grafen von Holstein der Stadt das örtliche Münzhaus samt Münzrecht, wo mit dem Lübisch-Hamburgischen Pfennig ein bedeutendes Wechselgeld des täglichen Marktverkehrs geprägt wurde. Von herausragender Bedeutung für den Hamburger Handel war zudem das Stapelrecht für Getreide, wonach das gesamte über die Elbe aus dem Hinterland transportierte Getreide in der Stadt entladen und frei verkauft werden mußte. Das sicherte nicht nur die Versorgung Hamburgs mit diesem Grundnahrungsmittel, sondern auch die Gewinne der örtlichen Kaufleute und Schiffer. Gerade im ausgehenden 15. Jahrhundert geriet Hamburg in diesem Zusammenhang immer wieder in den Verdacht, den Getreidehandel anderer Orte im Bereich der Niederelbe eindämmen und sich auf deren Kosten monopolartig bereichern zu wollen. Zudem wurde in den 1480er Jahren der Hamburger Getreidehandel mit Island durch die anderen Hansestädte, unter anderem auch durch Lübeck, heftig kritisiert und avancierte zum Gegenstand politischer Verhandlungen, da jener das Stapelrecht des Bergener Hansekontors unterlief.

Neben dem Handel erweiterte sich im 13. Jahrhundert die städtische Gewerbeproduktion. Um den «Berg» arbeitete eine Vielzahl an Gewerbetreibenden und Handwerkern wie Schmiede, Hutwalker, Kürschner, Weber und Knochenhauer; und in der Gegend des Alten Fischmarktes scheint in größerem Umfang das Schusterhandwerk (Sattler, Riemenschneider) betrieben worden zu sein – wovon unter anderem Lederabfälle in einer Dicke von stellenweise mehr als zwei Metern zeugen, die beim Bau der Hamburger U-Bahn entdeckt wurden. Durch eine erhaltene Eidesliste aus dem Jahre 1376 sind wir gut über das sich im 14. Jahrhundert weiter diversifizierende Berufsspektrum unterrichtet. So verzeichnet diese unter anderem 84 Kaufleute aus Flandern, 40 aus Lübeck, 35 aus England sowie örtliche Wandschneider, Brauer, Böttcher, Fischer, Heringswäscher und Reepschläger. Vor allem das Hamburger Bier avancierte in dieser Zeit zu einem regelrechten Verkaufsschlager weit über die Stadtgrenzen hinaus, wobei ein erheblicher Anteil davon in den Niederlanden Absatz fand. Den für dessen Herstellung benötigten Hopfen erwarben die Brauer auf dem Marktplatz der Neustadt, der seit jener Zeit bezeichnenderweise unter dem Namen Hopfenmarkt firmierte. Um 1376 produzierten in Hamburg mehr als 450 Brauhäuser das begehrte Bier; im 15. Jahrhundert stieg deren Zahl auf über 500. Erst in der Mitte des 17. Jahrhunderts büßte Hamburg seine Rolle als führender Bierexporteur ein.

Die Angehörigen der einzelnen Gewerbe waren in Zünften zusammengeschlossen, die in Hamburg die Bezeichnung «Ämter» trugen. In diese wurde man nur bei Besitz des Hamburger Bürgerrechts sowie nach einer insgesamt sechsjährigen Lehr- und Gesellenzeit aufgenommen. Außerdem war die Zugehörigkeit zum Amt erblich, setzte also Vererbung oder Einheirat voraus. Diese restriktive Gewerbepolitik sicherte den Ämtern eine Quasi-Monopolstellung bei der Gewerbeproduktion, aber auch beim Einkauf der Rohstoffe zu. Ähnlich wie die Gewerbetreibenden waren auch die Gewürz-, Seiden- und Einzelhändler seit dem 15. Jahrhundert in einem Kramer-Amt zusammengeschlossen.

Seit dem 14. Jahrhundert entstanden neben den Ämtern auch geistliche Bruderschaften, in denen sich Berufs- und Gruppenidentitäten konstituierten – wie beispielsweise die 1370 gegründete Heilig-Kreuz-Bruderschaft mit beruflich gemischter Mitgliedschaft oder die Jacobsbruderschaft der Schiffer und Brauer. So verfügte Hamburg im Späten Mittelalter über etwa 100 Bruderschaften, die ihre Mitglieder aus den Angehörigen bestimmter Berufe, aus sozial Gleichgestellten oder Bewohnern einzelner Stadtteile rekrutierten. Jene verehrten gemeinsame Schutzheilige, nahmen gemeinsam am Gottesdienst teil, förderten die für sie zuständigen Geistlichen, unterstützten den Erhalt von Kirchen- und Klostergebäuden und den Erwerb von Kircheninventar. Verstorbene Angehörige wurden gemeinsam zu Grabe geleitet, und man betete ebenso gemeinsam für lebende und verstorbene Mitglieder der Bruderschaft.

Das wachsende Selbstbewußtsein der Bürgerschaft führte vor allem seit der zweiten Hälfte des 14. Jahrhunderts immer wieder zu Konflikten um politische Partizipation zwischen Rat und Bürgerschaft. Durch geschickte Parteinahme zugunsten einzelner Gruppierungen innerhalb der Bürgerschaft konnte der Rat einen sich 1375 anbahnenden Konflikt mit der Bürgerschaft um die Forderung der Gewerbe nach Steuererleichterungen noch einmal verhindern. 1410 sah er sich aber gezwungen, der Bürgerschaft in einem Rezeß gewichtige politische Mitspracherechte einzuräumen, etwa die Selbstverpflichtung, Konflikte zwischen Rat und Bürgerschaft künftig vor Gericht oder Rat zu verhandeln oder vor Kriegserklärungen die Bürgerschaft anzuhören. Auch wenn dieser Rezeß von einem neu ernannten Rat 1416 wieder zurückgenommen wurde, bildete er doch einen Maßstab für den politischen Ausgleich bei (nicht immer gewaltfreien) späteren Differenzen. So folgten nach inneren Unruhen ein zweiter Rezeß im Jahre 1458 und bereits 1483 ein weiterer. Dieser dritte Rezeß beendete einen Konflikt um die Höhe der Lebensmittelpreise, bei dem Teile der Bürgerschaft dem Rat vorwarfen, durch zu große Lebensmittelexporte die Preise für Grundnahrungsmittel in die Höhe getrieben zu haben. Vorausgegangene tumultartige Unruhen führten dazu, daß künftig jedes Kirchspiel 20–25 Angehörige der grundbesitzenden («erbgesessenen») Bürger bei wichtigen Entscheidungen des Rates abordnen konnte. Nichtbesitzende Bürger und Nichtbürger blieben weiterhin, bis ins 19. Jahrhundert hinein, von der öffentlichen politischen Meinungsbildung ausgeschlossen.

Unter dem Bürgermeister Herman Langenbeck – der sich in einer Denkschrift ausführlich mit den Ursachen des Aufstandes von 1483 beschäftigt hatte – erfuhr der Rat im ausgehenden 15. Jahrhundert wieder eine entscheidende Stärkung. 1497 folgte unter seinem Einfluß ein neues Stadtrecht unter erstmaligem Einschluß des Schiffsrechtes, das das *Ordeelbook* von 1270 ersetzte. Gerade in Zeiten innerer Turbulenzen bemühte sich der

Rat, Recht und Ordnung zu bewahren, was besonders für den lebenswichtigen ökonomischen Bereich und den Marktfrieden galt. Beispielsweise soll der Anführer der Brauerknechte, Hinrik van Lohe, während des Aufstandes von 1483 die schwangere Gemahlin eines niedersächsischen Adligen während des Viti-Jahrmarktes beschimpft und mißhandelt haben. Daraufhin wurde er vom Rat des schweren Friedensbruches angeklagt und zum Tode verurteilt.

Zu Beginn des 14. Jahrhunderts wohnten in Hamburg etwa 5000 Menschen. Bis zum Ausbruch des Schwarzen Todes in der Mitte des 14. Jahrhunderts verdoppelte sich diese Zahl, um durch die großen Pestwellen der zweiten Hälfte jenes Jahrhunderts wieder auf 5000–6000 zurückzugehen. Pocken- und weitere Pestepidemien folgten vor allem in der zweiten Hälfte des 15. Jahrhunderts, so daß die Bevölkerung, die sich um 1450 wieder auf etwa 16000 Menschen erhöht hatte, bis 1500 auf 14000 fiel. Ein steter Strom an Einwanderern aus Friesland, den Niederlanden, den Gebieten südlich der Elbe und Mecklenburg milderte die demographischen Folgen der Epidemien leicht.

Der Ausbau der Stadt und seiner Kirchen setzte sich im Späten Mittelalter trotz – oder gerade wegen – Brand- und Flutschäden fort; und im 15. Jahrhundert hatte Hamburg bereits annähernd dieselbe Größe, die es noch in der zweiten Hälfte des 19. Jahrhunderts einnehmen sollte. Zu einer dauerhaften Verlegung und großflächigen Hafenerweiterung kam es im Laufe des 15. Jahrhunderts. Für diese Zeit häufen sich die Hinweise (z. B. in den Burspraken), daß der Platz im alten Hafen der Neustadt sowohl für Schiffe als auch für an Land zwischengelagerte Handelsgüter immer knapper wurde. Ein deutlicher Ausdruck dieser Tendenz sind eine Reihe obrigkeitlicher Bestimmungen, die das Lagern von Waren auf Straßen und Plätzen untersagten. Während bis zu dieser Zeit jenseits des Hafenbaumes – zwischen Nikolaihafen und Elbe – ein Vorgelände existierte, das noch nicht in den eigentlichen Hafenkontext einbezogen war (*to deme schore*, heutiges Schaartor, bzw. Schaartorbrücke), wurde dieses vermutlich um 1460 als Hafengelände ausgebaut. Das neue Vor-

gelände entstand in einer weiter elbabwärts gelegenen Gegend
(heute Vorsetzen).

Neben dem Ausbau des Hafens erlebte die Sakralarchitektur
im Späten Mittelalter gleichfalls eine Zeit der Blüte. 1329 wurde
ein Neubau des Domes als dreischiffige Emporenbasilika ge-
weiht. Später kamen jeweils noch ein zweites Seitenschiff im
Norden und Süden hinzu, während das Gebäude erst zwischen
1432 und 1434 einen Turm erhielt. Von künstlerisch herausragender Bedeutung war das aus dem späten 15. Jahrhundert
stammende Nordportal des Domes mit Darstellungen des heiligen St. Georg samt Drachen, des Erzengels Michael sowie der
Kreuzigung Christi als Ausgangspunkt eines Kreuzweges, der
zur Kirche von St. Georg führte. Ein letztes Nebengebäude
(«Schappendom») entstand noch zu Beginn des 16. Jahrhunderts.

Trotz verschiedener Baumaßnahmen innerhalb des Dombe-
zirks und der großen symbolischen Bedeutung Hamburgs als
einstigem Mittelpunkt der Nordgermanenmission verlor die
Stadt für die in Bremen residierenden Erzbischöfe immer mehr
an Bedeutung. Schon 1223 war der Sitz des Erzbischofs – der ja
zu diesem Zeitpunkt schon seit mehreren Jahrhunderten in Bremen residierte – auch nominell an die Weser verlegt worden.
Nachdem der Erzbischof seine Rechte über die Altstadt Hamburgs aufgegeben hatte (s. o.), wurde allein die eigentliche Domimmunität bis 1803 vom Erzbistum beansprucht. Dennoch besaß das Domkapitel auch weiterhin die Kirchenaufsicht über
ganz Hamburg und verfügte seit 1336 über das Recht, in allen
Hamburger Kirchen die Pfarrer einzusetzen, was immer wieder
zu Streitigkeiten mit dem Hamburger Rat führte. Auch das
Schulwesen unterstand dem Domkapitel in der Person des Dom-
scholastikus. Die Gründung weltlicher Schulen in einzelnen
Kirchspielen wurde im 14. und 15. Jahrhundert entsprechend
massiv vom Domkapitel zu verhindern versucht, was in Einzel-
fällen sogar zu päpstlicher und kaiserlicher Einflußnahme auf
Seiten des Domes führte.

Neben Dom und städtischen Kirchen etablierten sich in und
um die Stadt drei Klöster: neben dem bereits erwähnten Maria-

Magdalenen-Kloster zunächst das von der Gräfin Heilwig, der Gemahlin Adolfs IV., gegründete Zisterzienserinnenkloster Herwardeshude, welches 1247 im Gebiet des heutigen St. Pauli gegründet und später ins heutige Harvestehude verlegt wurde. Diesem späteren Stadtteil gab das Kloster schließlich auch seinen Namen. Im Laufe der Zeit erwarb das Kloster Herwardeshude durch Schenkungen und Stiftungen ein beträchtliches Vermögen, welches in den Erwerb ganzer Dörfer in der näheren Umgebung investiert wurde, wie etwa von Eppendorf, Winterhude, Alsterdorf, Groß-Borstel, Niendorf oder Lokstedt. Hinzu kam als dritte Einrichtung das Dominikanerkloster St. Johannis an der Südostecke des heutigen Rathauses, dessen Gründung auch in die Zeit Adolfs IV. zurückreicht. Diese Klostergründungen sind im Kontext der Ausdehnung der Bettelmönchsorden der Franziskaner und Dominikaner zu sehen. Den Kranken und Armen nahmen sich aber nicht nur die Klöster an, sondern auch die beiden Hamburger Spitäler – das 1247 erstmals erwähnte Heiligen-Geist-Spital und das um 1220 gegründete St. Georg-Hospital.

Das geistliche Leben des mittelalterlichen Hamburg manifestierte sich aber nicht allein in den die Stadt dominierenden Kirchen- und Klosterbauten, sondern auch – in einer von der alltäglichen Heiligenverehrung geprägten Welt – in Prozessionswegen, Kreuzwegstationen und Verehrungsbildern. Die meisten Ausdrucksformen dieser tiefen spätmittelalterlichen Frömmigkeit verschwanden aber mit der Reformation unwiederbringlich.

Während von der mittelalterlichen Sakral- und Profanarchitektur Hamburgs heute so gut wie nichts mehr erhalten ist, existieren doch einige bemerkenswerte Kunstwerke der Malerei. Der früheste bekannte Hamburger Maler war der unter böhmischem Einfluß stehende, um 1340 wahrscheinlich in Minden geborene Meister Bertram, der nachweislich seit 1367 in Hamburg wirkte. Bertram profitierte vom Bau und Umbau der Hamburger Kirchen im 14. Jahrhundert, für die er vornehmlich Altarbilder anfertigte, wie beispielsweise für den 1383 fertiggestellten kunstgeschichtlich herausragenden Hochaltar von St. Petri, der sich heute als einziges sicher diesem Künstler zugeschriebenes Werk in der Hamburger Kunsthalle befindet. Ebenso war Bertram für den Hamburger Rat tätig, und sein wachsender Wohlstand ermöglichte ihm schließlich den Erwerb eines Hauses in unmittelbarer Nähe zum Dom. Von gleichfalls überregional herausragender Bedeutung war der um 1380 in Hamburg geborene Meister Francke, der schon in jüngeren Jahren ins St.-Johannis-Kloster eintrat. Francke löste sich schon früh von den Idealen mittelalterlicher Malerei (z. B. Goldgrund) und ging zur sogenannten «weichen Malerei» über. Zu seinen Hauptwerken zählt der heute nur noch in Fragmenten erhaltene Altar der Bruderschaft der Englandfahrer, der 1424 bei ihm in Auftrag gegeben und in einer Seitenkapelle der Johanniskirche aufgestellt wurde. Die Bezeichnung «Meister» deutet bei Bertram und Francke auf die Zugehörigkeit zum Amt der Maler und Glaser hin, denn Handwerk und Kunst waren noch nicht streng voneinander geschieden. Diesen beiden herausragenden Künstlern gegenüber tritt der ebenfalls im 15. Jahrhundert in Hamburg wirkende und dort 1484 oder 1485 gestorbene Hinrik Funhof an Bedeutung etwas zurück.

Die Hamburger Stadtrechnungen belegen sehr deutlich, daß auch die berühmtesten Hamburger Maler des Mittelalters in der Regel praktische, handwerksmäßige Arbeiten unter anderem im Auftrage des Rates durchführten, wie das Bemalen von Statuen, Schildern, Brief- oder Satteltaschen, und daß die Schaffung herausragender Kunstwerke, wie die Bemalung von Altären, in der Regel zu den besser dotierten Ausnahmen zählte. Da die mittelalterlichen Handwerkerlisten beim Brand von 1842 verlorengingen, lassen sich allerdings kaum quantitative Aussagen über Mitglieder des Maleramtes und die Größe einzelner Werkstätten machen. Im 13. und 14. Jahrhundert verfügte Hamburg vermutlich über eine bis drei Meisterwerkstätten des Maleramtes gleichzeitig, gegen Ende des 14. Jahrhunderts zeitweise sogar über fünf, während deren Anzahl später wieder zurückging.

4. Das Konfessionelle Zeitalter

Noch um die Mitte des 15. Jahrhunderts war Hamburg rechtlich gesehen eine Landstadt im Territorium der Schauenburger Grafen von Holstein. Allerdings hatten sich – wie bereits dargestellt – die Schauenburger seit dem ausgehenden Mittelalter kaum mehr in die inneren Belange der Hansestadt eingemischt. Schließlich starb im Jahre 1459 mit Adolf VIII. der letzte Vertreter dieses Grafenhauses, und im darauffolgenden Jahr erwählten die Stände von Schleswig und Holstein König Christian I. von Dänemark zum neuen Landesherrn und damit gleichzeitig zum Oberherrn über Hamburg. Dieser trachtete im Gegensatz zu seinen Vorgängern danach, seine Hoheitsrechte auch tatsächlich durchzusetzen. Nur mit Mühe und politischem Geschick gelang es den Hamburgern in der Folgezeit, die vom dänischen Monarchen geforderte Huldigung zu verhindern. Dennoch bahnte sich ein Konfliktpotential um die staatsrechtliche Stellung der Stadt an – also um die Frage, ob Hamburg holsteinische Landstadt oder freie Reichsstadt sei und nur dem Kaiser unterstehe. Dieser Konflikt konnte erst im 18. Jahrhundert endgültig beseitigt werden.

Die unklare Situation machte sich auch bei den Reichstagen bemerkbar, da nie sicher war, ob Hamburg überhaupt Reichsstandschaft besaß. So treffen wir in den letzten Jahrzehnten des 15. und zu Beginn des 16. Jahrhunderts beim Reichstag auf eine schwankende, vermutlich auch auf Unwissenheit beruhende Politik bezüglich der Stadt. Während Hamburg 1472 als vermeintlicher Reichsstand zum Reichstag eingeladen wurde, vermerkte man beim Entwurf für den großen Reichsanschlag von 1489, «Hamburg ist dem Kg. von Dänemark zum Land zu Holsten angeschlagen», woraus wiederum die Verneinung einer Reichsstandschaft spricht.[5] Im Jahre 1510 andererseits wurde Hamburg als vermeintlich reichsunmittelbare Stadt von Maximilian I. zum Reichstag geladen, was ernsthafte Beschwerden des dänischen Königs als holsteinischem Herzog hervorrief, ohne daß dieser allerdings damit Gehör fand. Ebenso wurde die Hansestadt 1522 vom Reichsregiment direkt zur Türkenhilfe veranlagt.

Neben dem sich hier abzeichnenden Konflikt mit Dänemark führte auch die Reformation zu epochalen Veränderungen. Hamburg war im ausgehenden Mittelalter wie alle anderen Städte im Reich durch die tiefe Frömmigkeit vieler Menschen geprägt. Schon in vorreformatorischer Zeit hatten vor allem die Humanisten die zahlreichen Übelstände, die die Papstkirche charakterisierten, kritisiert und zu beheben versucht, ohne damit gleich eine Spaltung der Kirche zu beabsichtigen. In Hamburg gingen katholische Reformbestrebungen unter anderem von dem seit 1493 als Domdekan wirkenden Humanisten Albert Krantz aus, der mit mehreren Visitationen von Hamburger Kirchen zu Beginn des 16. Jahrhunderts versuchte, Mißstände wie Veruntreuungen von Vermögen oder Konkubinenwesen zu bekämpfen. So gelang es dem Domkapitel schließlich, im Jahre 1524 ein Verbot der Pfründenhäufung und die Residenzpflicht der Geistlichen durchzusetzen.

Dennoch verbreiteten sich Luthers Lehren vergleichsweise früh unter einigen Geistlichen in den einzelnen Hamburger Kirchspielen. Da der Rat den neuen Lehren anfangs skeptisch gegenüberstand, setzten sich jene in der Öffentlichkeit langsamer durch als beispielsweise in Bremen. Propagiert wurden Luthers Ideen zunächst durch den allerdings rasch abgesetzten Pastor Ordo Stenmel an St. Katharinen – der Ablaßhandel und geistlichen Sittenverfall heftig kritisierte – sowie seit 1523 durch den aus Rostock kommenden, niederdeutsch am St.-Maria-Magdalenen-Kloster predigenden Franziskaner Stephan Kempe. Aber auch in privaten Häusern verbreiteten Prediger allmählich die neuen Gedanken.

Für eine schnellere Verbreitung reformatorischer Ideen sorgte schließlich eine 1522 in der Stadt gegründete Druckerei – die sogenannte «Ketzerpresse» des niederländischen Druckers und Glaubensflüchtlings Simon Korver, der mehrere Schriften

Luthers in niederdeutscher Sprache herausgab. 1526 richtete
der Wittenberger Stadtpfarrer und spätere Reformator Norddeutschlands, Johannes Bugenhagen, der einen Ruf als Geistlicher an St. Nikolai abgelehnt hatte, eigens eine reformatorische Sendschrift an die Bürger der Stadt: «Van dem Christen
louen [Glauben]».

Zwischen 1526 und 1528 beschleunigten sich die reformato-
rischen Bestrebungen. Schritt für Schritt übernahmen evange-
lische Geistliche, trotz anfänglichen Widerstandes des Rates und
heftig bekämpft vom Domherrn Nikolaus Bustorp, mit Unterstützung der Bürgerschaft die Hauptkirchen. Seit dieser Zeit verbanden sich reformatorische Forderungen mit dem Verlangen
der Bürgerschaft nach einer breiteren politischen Partizipation.
So forderte jene schon 1526, die Geistlichen künftig durch die
erbgesessene Bürgerschaft und die Kirchenjuraten wählen und
nicht mehr wie bislang üblich durch das Domkapitel ernennen
zu lassen. Dieses Ansinnen ging mit Forderungen bezüglich der
Höhe von Akzisen und Grabengeld und dem Verlangen nach
einer Besteuerung der Geistlichkeit einher. Im darauffolgenden
Jahr brachten die Kirchspiele die kirchlichen Finanzen unter
ihre Aufsicht, und 1528 entschied sich schließlich auch der Hamburger Rat nach zwei gelehrten Disputationen zwischen dem
katholischen Domherrn und Lesemeister Barthold Moller und
dem Lutheraner Kempe ebenfalls, den neuen Glauben offiziell
anzunehmen. Damit avancierte der lutherische Glaube zur allgemein verbindlichen Konfession. Mit dieser Entscheidung wurden in kluger Vorausschau konfessionelle Unruhen verhindert;
während einige Altgläubige die Stadt freiwillig verließen, wurden andere der Stadt verwiesen.

Es war kein geringerer als Johannes Bugenhagen selbst, der
auf Einladung des Hamburger Rates am 9. Oktober 1528 gemeinsam mit dem Herzog von Lüneburg in Hamburg eintraf.
Am 15. Mai 1529 akzeptierten Rat und Bürgerschaft einstim-
mig die von Bugenhagen formulierte Hamburger Kirchen- und
Schulordnung. Die Klöster wurden in der Folgezeit aufgelöst
und in weltliche Stiftungen umgewandelt, während erst um die
Mitte des 16. Jahrhunderts auch die meisten Domherren evan-

gelisch waren. Bei der Säkularisierung der Klöster leistete allein das Kloster Herwardeshude Widerstand, das aber 1530 kurzerhand vom Rat abgerissen und dessen Landbesitz enteignet wurde. Einige Nonnen von Herwardeshude nahmen anschließend gezwungenermaßen die protestantische Konfession an und heirateten. Gleichzeitig wurden Marienkult und Heiligenverehrung wie auch die Autorität des Papstes abgeschafft und der Gottesdienst in deutscher Sprache eingeführt. Mit der Kirchenordnung entwickelten sich neue Hierarchien. An der Spitze der Hamburgischen Kirche stand fortan ein Superintendent, der seit 1593 die Bezeichnung *Senior* trug. Ihm unterstanden zwölf Oberalte, die sich aus den jeweils drei ältesten Diakonen der vier Kirchspiele zusammensetzten, und darunter die Achtundvierziger, die für die Aufsicht der Gemeindegelder zuständig waren. Das breiteste Gremium bildeten gleichsam als Vollversammlung die Hundertachtundvierziger, denen Oberalte, Achtundvierziger und weitere Diakone und Subdiakone angehörten.

Mit der Einführung der Reformation wurde in Hamburg 1529 auch eine neue Rechtsordnung – der sogenannte «Lange Rezeß» – beschlossen. Während Gerichtsbarkeit und Exekutive beim Rat verblieben, erhielten die neugeschaffenen Kirchenkollegien Kompetenzen bei der Verabschiedung von Gesetzen und das Recht, über Sondersteuern im Kriegsfall mitzubestimmen. Damit ist der Lange Rezeß gleichzeitig ein deutlicher Beleg für die enge Verzahnung der kirchlichen Kollegien mit der weltlichen Obrigkeit.

Das Domkapitel verfügte spätestens seit 1529 über keine eigene Gemeinde mehr, während dessen Ländereien vom Rat konfisziert wurden. Gegen diese Enteignung strengte es einen Prozeß vor dem Reichskammergericht an, der 1533 zugunsten des Domkapitels entschieden wurde. Um sich nicht dem Ruf auszusetzen, das oberste Reichsgericht zu mißachten, restituierte Hamburg schließlich den Besitz des Domkapitels, ohne diesem jedoch die einstigen geistlichen Kompetenzen über die Hamburger Kirchspiele und die Rechte in der Schulpolitik wiederzugeben. Aber erst 1561 – also einige Jahre nach dem Augsburger Religionsfrieden – fand diese Einigung mit dem sogenannten «Bremer Vergleich» auch formaljuristisch Anerkennung. Das Domkapitel – nunmehr staatsrechtlich eine geistliche Enklave im Hamburger Stadtgebiet – unterstand weiterhin dem Bremer Erzbischof. Dessen Besitzungen fielen mit dem Westfälischen Frieden 1648 an die Schweden und mit dem Ende des Nordischen Krieges an das Kurfürstentum Hannover. Auf diese Weise gehörte bis zu den Napoleonischen Kriegen ein kleines Gebiet inmitten der aufstrebenden Stadt einem fremden Herrn. Der Mangel an einer eigenen Gemeinde und an zahlungskräftigen Stiftern führte allerdings zur allmählichen Erosion der Bausubstanz des Domes. Ein neues Turmdach konnte in den 1780er Jahren nur durch den Verkauf der Dombibliothek mit wertvollen Buchbeständen aus dem Mittelalter finanziert werden, was das Domgebäude zu Beginn des 19. Jahrhunderts aber auch nicht mehr vor dem Abriß schützte.

Mit der Reformation veränderte sich das Gesicht des Schulwesens. Während die alte Domschule bestehen blieb, aber an Bedeutung verlor, wurde 1529 im einstigen Johanniskloster durch Initiative Johannes Bugenhagens mit dem Johanneum und seiner herausragenden Bibliothek eine neue höhere Schule gegründet, die vom Rat wie von den lutherischen Kircheninstitutionen in gleicher Weise beaufsichtigt wurde. Hier erwarben die Schüler eine höhere, humanistische Schulbildung, die neben der Religion vor allem das Lateinstudium in den Mittelpunkt stellte.

Hamburg grenzte sich im Zeitalter der Reformation wie auch schon im ausgehenden Mittelalter durch eine selbstbewußte Außenpolitik von den übrigen Hansestädten ab. So blieb die Stadt beispielsweise im Krieg Lübecks gegen Dänemark 1534–1536 neutral. Auf der anderen Seite nahm Hamburg, das vor dem Hintergrund des Rechtsstreites vor dem Reichskammergericht um die Restituierung des Domkapitels seit 1536 Mitglied des Schmalkaldischen Bundes war, mit einem eigenen Truppenkontingent 1546/1547 am Schmalkaldischen Krieg teil. Hamburger Truppen waren im Frühjahr 1547 an der Schlacht bei Drakenburg an der Weser beteiligt, der einzigen erfolgreichen Schlacht der Protestanten während des Schmalkaldischen Krieges. Nach dem letztlichen Sieg der kaiserlichen Seite mußte sich die Stadt dann aber mit hohen Strafgeldern die Gunst des Reichsoberhauptes zurückkaufen. Die Strafzahlungen sowie die eigentlichen Kriegskosten des Schmalkaldischen Krieges stellten trotz eines beträchtlichen Handelsaufschwungs im 16. Jahrhundert eine enorme Belastung für die Hamburger Kassen dar, und es wäre um 1550 beinahe nicht mehr möglich gewesen, die für neu aufgenommene Kredite anfallenden Zinsen zu zahlen.

Im 16. Jahrhundert wandelte sich Hamburg trotz der inneren Umwälzungen und außenpolitischer Probleme vom Elbhafen Lübecks zum bedeutendsten Seehafen des Alten Reiches. Begünstigt wurde diese Entwicklung durch eine allmähliche Verlagerung des europäischen Handelsschwerpunktes von Mittelmeer und Ostseeraum an Nordsee und Atlantik. Dieser Wandel wurzelte in der kolonialen Expansion, im Aufstieg der Seemächte Portugal und Spanien sowie später der Niederlande und Englands. Die Stadt entwickelte sich auf Grund ihrer traditionell guten Verbindungen ins mittelosteuropäische Hinterland zu einem bedeutenden Entrepôt für Getreide, schlesisches Leinen, ungarisches Kupfer, aber auch für Rheinwein zum Reexport nach Westeuropa. Auch der Islandhandel avancierte zu einer wichtigen Wachstumsbranche für die Stadt. Die Insel exportierte vor allem Fisch, aber auch Schwefel, Jagdfalken, Daunen, Wolle, Felle und Fleisch. Im Gegenzug gelangten Lebensmittel, Holz und Holzprodukte über Hamburg nach Island. Mit dem Islandhandel unterlief Hamburg in immer größerem Maße den hansischen Handel und etablierte sich im Laufe der Zeit als eigenständige Handelsmacht neben der Hanse, bis jener der Stadt im 17. Jahrhundert vom dänischen König untersagt wurde.

Schon im Mittelalter hatten sich drei Gruppen von Fernhandelskaufleuten herausgebildet, die Flandernfahrer und die Englandfahrer, die sich auf den Warenaustausch mit diesen beiden Regionen spezialisiert hatten, sowie die Schonenfahrer, die sich dem Heringsfang vor der schwedischen Südküste widmeten. Aus diesen Gesellschaften ging im Jahre 1517 eine Dachorganisation unter der Bezeichnung «De mene Kopman» hervor.

Es waren aber nicht allein Hamburger Fernkaufleute, die für einen unvergleichlichen Handelsaufschwung der Stadt am Beginn der Frühen Neuzeit sorgten, sondern Hamburg verlieh auch fremden Unternehmern das Niederlassungsrecht. Von besonderer Bedeutung erwies sich im Jahre 1566 der Umzug der englischen Merchant Adventurers nach Hamburg. Diese hatten zuvor über Antwerpen den englischen Tuchhandel durchgeführt, ihre dortige Situation war aber in Anbetracht der militärischen Auseinandersetzungen zwischen Spanien und den Niederlanden immer unsicherer geworden. In Hamburg ließen sich die englischen Kaufleute im Backsteingebäude des sogenannten «English Court» mit eigener Kapelle in der Gröningerstraße nieder. Das Recht, dort eine eigene anglikanische Kapelle zu unterhalten, stellte ein bedeutsames Zugeständnis im Zeitalter der Konfessionalisierung dar, welches belegt, daß die Stadt ihre politischen Prioritäten mehr auf wirtschaftlichen Wohlstand denn auf konfessionelle Konformität setzte. Auf Druck von Hanse und Kaiser – die einerseits die Handelskonkurrenz fürchteten, andererseits die religiöse Toleranz der Hamburger mißbilligten – mußten die englischen Kaufleute 1587 die Stadt aber wieder verlassen und wichen ins benachbarte Stade aus. Bereits 1611 schlossen sie mit Hamburg aber einen neuen Vertrag und kehrten in die Elbmetropole zurück, wo sie bis 1806 verblieben. Von Hamburg aus konnten die Merchant Adventurers ihre Monopolbestrebungen für den englischen Tuchhandel auf dem Kontinent ausbauen, wovon auch die Stadt selbst profitierte, indem sie den englischen Kaufleuten Reexporte für das Mutterland vermittelte.

1568 gründete die Stadt an der Trostbrücke die erste Börse im Alten Reich nach Antwerpener Vorbild. Anfangs ein offener, umfriedeter und gepflasterter Platz in exponierter Lage zwischen Rathaus, Niedergericht und Großem Kran, ließen die örtlichen Wandschneider, die vor allem vom Geschäft mit den Merchant Adventurers profitierten, nur wenige Jahre später durch den Niederländer Jan Andresen ein festes Gebäude errichten. Daß sich Hamburg in der Frühen Neuzeit immer stärker zu einem wahrhaften Handelsschwergewicht entwickelte, lag auch an der weitsichtigen Münzpolitik der 1619 gegründeten Hamburger Bank. Mit der Schaffung der Hamburger Mark banco lag eine Verrechnungseinheit vor, die durch den Silbervorrat der Stadt gedeckt und damit vor der im 17. Jahrhundert vielfach um sich greifenden Münzverschlechterung gut geschützt war. Als Umlaufwährung diente die etwas niedriger bewertete Hamburger Mark courant, wie die Stadt auch als repräsentative Schaumünzen die goldenen Portugaleser im Wert von 20 Reichstalern prägte, die an verdiente Bürger oder Auswärtige verliehen wurden.

Der weitaus größte Teil der Hamburger Bevölkerung konnte seinen Lebensstandard mit diesem ökonomischen Aufbruch aber nur kaum oder überhaupt nicht erhöhen. Die meisten Menschen wohnten in Buden und Kellern, die gerade in niedrig gelegenen Stadtteilen immer wieder überflutet wurden und sich zu Brutstätten für allerlei Krankheiten entwickelten. Wie in anderen Städten auch, waren die hygienischen Zustände in Hamburg bei weitem unzureichend. Verschmutzt waren nicht nur die Straßen und Wege, sondern in gleicher Weise auch die Fleete – Hamburgs zahlreiche Kanäle. Krankheitsepidemien konnten durchaus mehrere Tausend Todesopfer fordern, wie beispielsweise 1521, 1526 oder 1529, als eine als «Schweißsucht» bezeichnete Krankheit in der Elbmetropole wütete. Die Versorgung mit studierten Ärzten war unzureichend; von ihnen gab es in Hamburg zu Beginn des 17. Jahrhunderts nur insgesamt sechs, ebenso wie auch nur drei Apotheker. Und allenfalls ein dünnes Netz der sozialen Absicherung war seit der Reformation aus gemeinnützigen Stiftungen geflochten, die sich um die Errichtung von Armenhäusern und kostenlosen Wohnungen verdient machten. Zudem entstanden 1604 ein Waisenhaus sowie zwei Jahre später mit dem «Pesthaus» ein allgemeines Krankenhaus.

Bereits im Mittelalter blühte in Hamburg die Prostitution. Einschlägige Berühmtheit für käufliche Liebe erlangte dabei der Kattreppel, ein kleiner Verbindungsweg zwischen dem alten östlichen Stadtwall und der Domimmunität, dessen Name sich wahrscheinlich von «Kathedralentreppe» ableitet. Später verlagerte sich der Schwerpunkt der Prostitution auf den Hamburger

Berg (St. Pauli) und in die Gängeviertel der Neustadt. Seit der Reformation durch Johannes Bugenhagen offiziell untersagt, prägte sie auch die gesamte Frühe Neuzeit hindurch das Leben der Stadt – worauf zahlreiche Klagen über angeblich liederliche Sitten nicht nur im Rahmen gewerbsmäßiger Prostitution, sondern ebenso im privaten Leben deuten. Auch teils drakonische Strafen, die sich in der Regel aber nur gegen die Prostituierten und kaum gegen deren Freier richteten, änderten daran wenig. Erst unter französischer Besatzungsherrschaft wurden 1807 und 1811 Verordnungen über die Prostitution erlassen, die ein Mindestmaß an sozialer Sicherheit und gesundheitlicher Kontrolle der Prostituierten sicherstellen sollten.

5. Am Vorabend des Dreißigjährigen Krieges

In der zweiten Hälfte des 16. Jahrhunderts hatte Hamburg immer noch nahezu dieselben Ausmaße wie im ausgehenden Mittelalter. Die Stadt besaß einen etwa ellipsenförmigen Grundriß, dessen längste Ausdehnung sich zwischen Südwest und Nordost über etwa 1560 Meter und an der schmaleren Seite über etwa 500–600 Meter erstreckte. Der größte Teil des besiedelten Landes lag auf dem eigentlich für den Haus- und Wegebau ungünstigen Marschboden – der sich allerdings durch seine Nähe zum Wasser mit dessen großer Bedeutung für den Handel und das Brauereigewerbe auszeichnete. Nur etwa ein Drittel der Stadtfläche lag etwas höher im Osten auf einem Geestrücken ungefähr in der Gegend des heutigen Hauptbahnhofes.

Dennoch erfuhr das Stadtbild in dieser Zeit einige signifikante Veränderungen, vor allem durch den Ausbau der Verteidigungsanlagen, der sich zwischen etwa 1530 und 1588 hinzog. Von großer Bedeutung waren die Errichtung des Neuen Walles 1547, des Blauen Turmes («Isern Hinnerk») an der Westseite des Reesendammes 1548 und eines doppelten Palisadenzaunes mitten durch die aufgestaute Alster mit einer Öffnung für Schiffe.

Zudem erhielten mehrere Kirchen neue Türme, wie auch die Errichtung von feuerresistenten steinernen Giebelfassaden der Fachwerkhäuser von der städtischen Obrigkeit gefördert wurde.

Die Handelsexpansion des 16. Jahrhunderts führte ebenso zum großräumigen Ausbau des Elbhafens an der Norderelbe. Seit 1548 existierte mit der sogenannten Düpe-Kommission eine obrigkeitliche Institution, die für die Gewährleistung ausreichender Wassertiefen der schiffbaren Gewässer verantwortlich zeichnete. Um die Norderelbe ausreichend mit Wasser zu versorgen, wurden in ihrem Auftrag 1550 der Grandeswerder und 1568 der Spadenländer Busch durchstochen.

Handelserfolg und architektonische Entwicklung wurden allerdings schon bald von den drohenden Vorboten des Dreißigjährigen Krieges überschattet. So verhärteten sich in der zweiten Hälfte des 16. Jahrhunderts im Alten Reich die konfessionellen Fronten zwischen Protestanten und Katholiken. Hinzu kam eine bedrohliche Aushöhlung der Reichsverfassung, die sich vor allem in der Ausschaltung von Reichskammergericht und Reichstag als zentrale Reichsinstitutionen ausdrückte. Spätestens mit dem Fall Donauwörths mußte allen Reichsstädten klar sein, daß sie bei der Verteidigung der eigenen Unabhängigkeit im Zweifelsfall nicht auf die bewährten Reichsinstitutionen zählen konnten.

Neben der Erosion der Reichsverfassung implizierte seit dem Ausgang des 16. Jahrhunderts die unklare staatsrechtliche Stellung Hamburgs zunehmendes Konfliktpotential. So verfolgte der dänische König Christian IV. (1588–1648) nicht nur die Errichtung dänischer Vorherrschaft über die Ostsee, sondern auch im nordwestdeutschen Raum. Sein Verlangen nach Huldigung Hamburgs – das sich auch am Vorabend des Dreißigjährigen Krieges als Reichsstadt betrachtete – konnte die Stadt im Jahre 1603 noch einmal in der bewährten Weise regeln, indem sie in einer «Annehmung» die Schirmherrschaft Dänemarks anerkannte, ohne den geforderten Lehenseid zu leisten. Aber schon bald wurde klar, daß sich Christian IV. mit wachsender militärischer Macht auf lange Sicht nicht mit solchen Erklärungen würde abspeisen lassen. So waren die Jahre um 1620, die anderenorts von den ersten Schlachten des Dreißigjährigen Krieges geprägt waren, in Hamburg durch eine erneute Phase der Auseinandersetzungen mit dem nördlichen Nachbarn Dänemark gekennzeichnet. Auf politischer Ebene versuchte Hamburg, dem wachsenden Druck durch Annäherung an den Kaiser zu begegnen, der dem Drängen des dänischen Monarchen auf eine Huldigung durch die Stadt nicht nachgab. Aber auch wenn das Reichskammergericht die Reichsstandschaft der Stadt 1618 juristisch bestätigte, kam es weiterhin zu politischem und militärischem Druck durch Christian, der dieses Urteil nicht anerkannte. Durch Diplomatie und militärische Drohgebärden eingeschüchtert, gab Hamburg im Steinburger Vertrag von 1621 vorübergehend nach und erkannte eine De-facto-Landeshoheit des dänischen Monarchen an. So verwundert es nicht, daß sich Hamburg gerade in der Zeit seit dem schwedischen Kriegseintritt 1630 außenpolitisch an den großen Konkurrenten Dänemarks im Norden, Schweden, anlehnte. Die Stadt verzichtete allerdings auf den Abschluß eines formalen Bündnisses, um den äußeren Anschein der Neutralität zu wahren. Während sich Hamburg dadurch eine Stärkung gegenüber Dänemark erhoffte, wollte Schweden in erster Linie die Handelskontakte und Kommunikationsverbindungen der Elbmetropole für die eigenen Kriegsanstrengungen nutzen.

Neben die politischen Auseinandersetzungen trat am Vorabend des Dreißigjährigen Krieges ein Kampf mit Dänemark um die wirtschaftliche Vormachtstellung im Unterelberaum. Dieser äußerte sich vor allem in dänischen Handelssanktionen gegenüber Hamburg, wie in der Aufhebung der Sundzollfreiheit für Hamburger Schiffe 1604 und im Verbot des Islandhandels. 1616 wurde westlich Hamburgs an der Elbe von Christian IV. Glückstadt gegründet, welches als Handelsplatz Hamburg Konkurrenz machen sollte. Während Glückstadt selbst mit einem eher bescheidenen Warenumschlag niemals zu einer ernstzunehmenden Bedrohung Hamburgs wurde, stellte doch der hier fortan erhobene Glückstädter Elbzoll ein Ärgernis und Handelshemmnis für die Elbmetropole dar.

Nachdem Dänemark nach der Niederlage bei Lutter am Barenberge und dem Lübecker Frieden 1629 aus dem Dreißigjährigen Krieg ausgeschieden war, griffen die Hamburger die dänischen Kriegsschiffe auf der Elbe an und verhängten über Glückstadt eine Blockade. Obwohl sich die Hamburger auf lange Sicht militärisch auf der Elbe nicht behaupten konnten, gelang es ihnen doch, mit schwedischer Unterstützung 1645 die Aufhebung des Glückstädter Elbzolls und erneute Schiffahrtsfreiheit auf der Elbe durchzusetzen.

Die wachsende politische Unsicherheit und der stetig steigende Druck seitens des dänischen Königs hatten den städtischen Eliten schon vor dem Ausbruch des Dreißigjährigen Krieges immer wieder die Notwendigkeit wirkungsvoller Verteidigungsanlagen vor Augen geführt. Schon bald erschienen die bisherigen Anlagen – die ja erst einige Jahrzehnte zuvor mit «Isern Hinnerk» und Neuem Wall umfassend ausgebaut worden waren – in Anbetracht sich ständig weiterentwickelnder Kriegstechnik nicht mehr ausreichend. Im Jahre 1608 schlossen sich Lübeck, Bremen, Hamburg, Lüneburg, Magdeburg und Braunschweig als sogenannte «Korrespondierende Hansestädte» zusammen, um gemeinsam Verteidigungsanstrengungen zu koordinieren. Als Glücksfall erwies sich das Engagement des niederländischen Festungsbaumeisters Johann van Valckenburgh für einige dieser Städte. Am 1. Mai 1609 wurde Valckenburgh in die Elbmetropole berufen, wo er der Stadt ein umfassendes Befestigungskonzept vorlegte, über das heute leider kaum schriftliche Dokumente erhalten sind. Während die Planungen in ihren Grundzügen bereits 1611 abgeschlossen gewesen sein müssen, begannen die eigentlichen Baumaßnahmen erst 1616 und dauerten bis etwa 1627.

Valckenburgh ließ unter erheblichem finanziellen Aufwand, der durch hohe Sonderabgaben und Anleihen bestritten wurde, eine Wall- und Grabenanlage im Radius von etwa 1200 Metern mit 21 Bastionen, 11 vorgelagerten Ravelins und einem Hornwerk errichten, die auch heute noch in ihren Grundzügen im Hamburger Stadtbild nachvollziehbar ist. Auch die neue Befestigungsanlage durchschnitt mit einer Öffnung für Schiffe die

Alster, womit sich endgültig Binnen- und Außenalster herausbildeten. Erstmals wurde das zuvor außerhalb der Stadtgrenzen gelegene Kirchspiel St. Michaelis als nunmehrige Neustadt – nicht zu verwechseln mit der mittelalterlichen gräflichen Neustadt – in die Befestigungsanlagen einbezogen. Auf diese Weise gelang es, den strategisch bedeutsamen westlichen, bis zu 27 Meter hohen Geestrücken, der sich nördlich der heutigen Landungsbrücken (Bismarckdenkmal) erstreckt, in die Verteidigungsanstrengungen zu integrieren. Ursprünglich auch im Süden in Elbnähe auf dem Grasbrook geplante Anlagen wurden indes nicht realisiert.

Neben den Befestigungsanlagen sollte auch mit der Gründung der Hamburger Admiralität 1623 ein institutioneller Beitrag zur Sicherung der Stadt geleistet werden. Die Admiralität, die sich aus Mitgliedern des Rates und der Bürgerschaft zusammensetzte, war für die militärische Sicherung der Elbe, für Versicherungswesen, Seezeichen und für das Hafen- und Lotsenwesen zuständig.

Eine Bewährungsprobe hatte die Verteidigungsanlage in der Zeit des Dreißigjährigen Krieges nicht zu bestehen. Damit war sie aber keinesfalls nutzlos, wie in der älteren Literatur oftmals dargestellt wird, sondern es dürfte gerade ihre abschreckende Wirkung in Verbindung mit der Neutralitätspolitik gewesen sein, die Hamburg vor größeren Angriffen schützte. Hingegen blieb das Hamburger Umland – wie die Vier- und Marschlande und das Amt Ritzebüttel – nicht von Kriegszügen verschont, wobei unmittelbare Auswirkungen der dadurch hervorgerufenen Zerstörungen bislang kaum erforscht sind.

Es war aber ebenso der Zwang der kriegführenden Staaten, sich mit kriegsnotwendigen Gütern und aktuellen Informationen zu versorgen, der Hamburg davor bewahrte, in den Dreißigjährigen Krieg hineingezogen zu werden. Auch wenn die Stadt nicht direkt an Kriegshandlungen partizipierte, ist ihre Rolle als Nachschub- und Informationsbörse für die Kriegsparteien, als regelrechte «Drehscheibe des Krieges im Norden», keineswegs zu unterschätzen. So war es denn auch kein Zufall, daß in der Elbmetropole seit 1636 Verhandlungen stattfanden, die in den

Hamburger Präliminarfrieden von 1641 und schließlich in den Westfälischen Frieden mündeten. Wie in anderen Städten des Alten Reiches auch, feierte Hamburg den Friedensschluß mit einem Friedensfest im Oktober 1648 sowie 1650 mit einem Friedensfeuerwerk in barocker Manier auf der Binnenalster.

Inmitten des Dreißigjährigen Krieges etablierte sich Hamburg aber nicht nur als Handelsplatz und Kommunikationsbörse, sondern auch als Zentrum der Gelehrsamkeit. So wurde 1613 nach dem Johanneum das Akademische Gymnasium als zweite höhere Schule gegründet. Es war als Vorstufe zur Universität gedacht, auf dem die Studenten durch das Studium generale auf den späteren Hochschulbesuch vorbereitet wurden. Das Gymnasium unterstand der Aufsicht des Scholarchats, welches sich aus den lutherischen Geistlichen der Stadt zusammensetzte und der Schule eine klare konfessionelle Ausrichtung gab. Zu dem bedeutendsten Rektor des Akademischen Gymnasiums avancierte im 17. Jahrhundert der Mathematiker Joachim Jungius (1587–1657).

Durch Valckenburghs Verteidigungswerk hatte sich die Fläche Hamburgs auf 373 Hektar vergrößert, wovon allein 112 Hektar auf die Neustadt und 95 Hektar auf die Verteidigungsanlagen entfielen. Diese Erweiterung des Stadtgebietes bot genügend Raum für die weitere demographische und ökonomische Entwicklung. Anders als die meisten übrigen Städte im Alten Reich verzeichnete die Elbmetropole denn auch in der Zeit des Dreißigjährigen Krieges einen steten Bevölkerungszuwachs von etwa 40000 Einwohnern um das Jahr 1600 auf etwa 78000 um 1650.

Einen erheblichen Teil der Einwohnerschaft bildeten Migranten aus vielen Teilen Europas. So waren mit wachsenden Unruhen und religiöser Intoleranz in den spanischen Niederlanden bereits in der zweiten Hälfte des 16. Jahrhunderts kapitalkräftige calvinistische und mennonitische Niederländer mit umfassenden Handelskontakten an die Elbe gekommen, deren Niederlassung vom Rat gegen den Widerstand der Geistlichkeit durchgesetzt wurde. Im ausgehenden 16. Jahrhundert lebten ungefähr 1000 Niederländer in Hamburg. Den Calvinisten wur-

den im Jahre 1601 in einem sogenannten Fremdenkontrakt
Bleiberecht sowie die Möglichkeit des Grunderwerbs und das
Handelsrecht mit Einheimischen zugesichert, während sie von
der politischen Partizipation ausgeschlossen blieben und keinen
Handel mit Fremden treiben durften. Ohnehin konvertierten im
Laufe der Zeit immer mehr Niederländer zum lutherischen Glauben und erwarben das Hamburger Bürgerrecht, wie beispielsweise Rudolf Amsinck, der seit 1619 Mitglied des Hamburger
Rates war. Auch wenn den calvinistisch gebliebenen Niederländern ein eigenes Gotteshaus in der Stadt versagt blieb und An-
dachten auf Privathäuser beschränkt waren, konnten sie zum
Gottesdienst in zwei calvinistische Predigthäuser im benachbarten Altona ausweichen. Erst seit dem Beginn des 18. Jahrhunderts
existierte auch in Hamburg selbst im Garten des holländischen
Gesandten eine calvinistische Kapelle.

Die niederländischen Migranten zeichneten für eine beträchtliche Veränderung der Hamburger Gewerbelandschaft verantwortlich, denn die Glaubensflüchtlinge brachten nicht nur Kapi-
tal in die Stadt, sondern auch technisches und ökonomisches
Know-how. Damit einher ging die Gründung neuer Ämter, mit
denen die Niederländer die alten Hamburger Regeln zur Ausbildung und Meisterprüfung in Frage stellten, neue Ausbildungs-
standards setzten und so ihre Wettbewerbsfähigkeit steiger-
ten. Diese Entwicklung führte zur Entstehung einer hamburgischen Tuchindustrie, die sich auf Saye, Triep, Caffa, Samt und
Seide konzentrierte. Vermutlich gelangte über die Niederländer
auch die Kenntnis der Zuckerraffination und Zuckerbäckerei
nach Hamburg. Neben ihrem Engagement im städtischen Gewerbe avancierten einige Niederländer zu Großkaufleuten mit
dem weitaus größten Handelsradius unter der Hamburger Kaufmannschaft, wobei ihnen ihre traditionellen Verbindungen mit
dem südeuropäischen Raum zugute kamen. So gehörten viele
dieser Kaufleute im 17. Jahrhundert zu den reichsten Hamburgern; unter ihnen befanden sich beispielsweise Arnold Amsinck,
Gillis de Greve und Antoni de Herthoge.

Neben den Niederländern erreichten im letzten Jahrzehnt des
16. Jahrhunderts auch jüdische Migranten die Stadt an der Elbe.

Dabei handelte es sich neben deutschen vor allem um spanische Juden, die zunächst aus Spanien nach Portugal geflohen waren, dieses Land nach 1580 aber in Richtung Niederlande verließen und von hier aus infolge der dortigen Kriegsereignisse etwa ein Jahrzehnt später Hamburg erreichten. Trotz des Widerstands der lutherischen Geistlichkeit wurde den Juden in einem theologischen Gutachten der Universitäten Frankfurt an der Oder und Jena auf Betreiben des Rates ein Bleiberecht zugesprochen – in der Hoffnung, diese würden auf Grund ihrer Handelskontakte den Gewürzhandel mit dem Orient und den Warenaustausch mit dem Mittelmeerraum befördern. In einem 1612 geschlossenen Fremdenkontrakt sicherte die Stadt den zu dieser Zeit etwa 125 in Hamburg lebenden südwesteuropäischen Juden das Aufenthaltsrecht gegen eine jährliche Abgabe zu. Im Gegensatz zu den Niederländern war ihnen aber der Grunderwerb nicht gestattet, wie auch Beschneidung und religiöse Zusammenkünfte verboten waren. Die Stellung der Juden verbesserte sich 1625 mit der Gewährung von Rechtsschutz und nochmals drei Jahre später, als ihnen die Errichtung eines Betraumes gestattet wurde. Die südwesteuropäischen jüdischen Kaufleute engagierten sich vorzugsweise im Handel mit Zucker – der für die Stadt noch eine große Bedeutung erlangen sollte – sowie mit Tabak, Kaffee, Kakao, Gewürzen und Baumwolltuchen. Ebenso betätigten sie sich als Geldverleiher und beteiligten sich 1619 an der Gründung der Hamburger Bank.

1649 führte der Einfluß der Bürgerschaft und der lutherischen Geistlichkeit zur Ausweisung aller deutschen Juden aus der Stadt, von denen viele im benachbarten Altona Aufnahme fanden und dort gegen hohe Geldzahlungen das Bleiberecht erhielten. Viele von ihnen kehrten jedoch später wieder in die Elbmetropole zurück und konnten auch gegen den Widerstand der lutherischen Geistlichkeit erneut ihren Verbleib in der Stadt gegen eine jährliche Abgabenzahlung durchsetzen. Im Jahre 1730 kam es zu gewaltsamen Übergriffen auf die jüdische Gemeinde, die sich unter anderem auf Alten Wall, Großneumarkt, Hütten, Kohlöfen und Mönkedamm konzentrierten, aber durch Einsatz von Infanterie und Bürgermilitär rasch niedergeschlagen wurden. Bis 1800 war die jüdische Gemeinde – als größte städtische Gemeinde im Alten Reich – auf etwa 6300 deutsche und 130 portugiesische Juden angewachsen. In der ersten Hälfte des 19. Jahrhunderts kam es unter dem Eindruck eines wachsenden Nationalismus und zunehmender Kritik an der Obrigkeit zu erneuten gewaltsamen Übergriffen gegen die jüdische Gemeinde, so 1819, als Unruhen in ganz Deutschland zu verzeichnen waren, 1829, als die gewaltsame Niederschlagung der Tumulte durch die Obrigkeit sechs Todesopfer forderte, und erneut im Jahre 1835.

6. Zwischen Aufbruch und politischer Krise

Hamburg vertrat auch in der Zeit nach dem Ende des Dreißigjährigen Krieges weiterhin offiziell eine Politik der Neutralität, was als (umstrittene) Reichsstadt allerdings in der Regel bedeutete, sich nicht offensiv gegen den Kaiser zu stellen, etwa während der Kriege Ludwigs XIV. Auf diese Weise konnte die Stadt weiterhin die außenpolitische Unabhängigkeit bewahren. Dabei dürfte sich der allgemeine Umstand begünstigend ausgewirkt haben, daß viele Territorien im Alten Reich, nicht zuletzt der Kaiser selbst, für den Handel mit dem Nord- und Ostseeraum auf das Ein- und Ausfallstor Hamburg angewiesen waren und eine Neutralität bzw. eine leichte Annäherung an Schweden lieber sahen als die Integration Hamburgs in die dänische Monarchie.

Die Folgezeit verzeichnete ebenso wie in der Zeit des Dreißigjährigen Krieges trotz des offiziellen Neutralitätskurses de facto eine politische Annäherung der Hansestadt an Schweden, ausgelöst oder zumindest begünstigt durch den wachsenden Dualismus zwischen Dänemark und Schweden. Auch wenn die Dänen vier Jahre nach der Schlacht bei Fehrbellin und der militärischen Niederlage der Schweden versuchten, Hamburg mit militärischen Mitteln zum Einlenken zu bringen, gelang es der Stadt, sich auch dieses Mal zu behaupten. Daß Dänemark 1679 Hamburg nicht angriff, lag zum großen Teil an der Intervention Frankreichs und Brandenburg-Preußens. Die erneute Bedrohungslage führte aber zu Beginn der 1680er Jahre zu einem weiteren Ausbau der Befestigungsanlagen, die nun auch den Stadtteil St. Georg im Osten einschlossen. Im Westen errichtete Hamburg außerhalb der eigentlichen Befestigung ein Außenfort – die Sternschanze.

Immer wieder wurde die Stadt aber auch in andere zwischenstaatliche Konflikte hineingezogen. So war es beispielsweise durch die englische Navigationsakte sowie den zweiten englisch-niederländischen Krieg zu wachsenden politischen Irritationen und Hemmnissen im Handel Hamburgs und Lübecks mit England gekommen. Der schwerwiegendste Zwischenfall ereignete sich im August 1666, als vier niederländische Kriegsschiffe vor Neumühlen bei Hamburg einen Konvoi englischer Handelsschiffe aufbrachten, drei davon in Brand schossen und drei weitere kaperten. Das um die Neutralität in diesem Konflikt bemühte Hamburg wurde von England zu Wiedergutmachungsleistungen gedrängt, anderenfalls drohte man mit Repressalien. Nahezu drei Jahre lang versuchte Hamburg, sich der englischen Forderungen mit eigenen Mitteln zu erwehren, ehe sich die Stadt an Kaiser und Reichstag wandte. Ein anschließendes Vermittlungsangebot der Reichsstände nützte Hamburg allerdings nicht, und die Stadt sah sich durch den stetig wachsenden handelspolitischen Druck der Engländer schließlich 1670 zur Zahlung der geforderten Entschädigungsgelder gezwungen.

Die Bedrohung nicht nur durch fremde kriegführende Mächte, sondern auch durch türkische und algerische Barbaresken oder Korsaren führte erstmals zum Bau eigener Hamburger Kriegsschiffe durch die Admiralität, nachdem bereits 1624 eine Sklavenkasse für den Freikauf von in Gefangenschaft geratenen Hamburger Seeleuten gegründet worden war. 1668 und 1669 wurden die beiden ersten Fregatten «Leopoldus Primus» und «Wappen von Hamburg» fertiggestellt. Ihre Aufgabe bestand in der Sicherung Hamburger Schiffskonvois bis zur Iberischen Halbinsel und ins Nordmeer. Vor allem unter dem Admiral

Bernard Jacobsen Karpfanger verzeichneten die beiden Schiffe beträchtliche Erfolge, wie beispielsweise 1678 mit der Versenkung zweier französischer Kaperfahrer vor der Elbmündung.

Wirtschaftlicher Wohlstand und Bevölkerungswachstum führten bald nach dem Westfälischen Frieden zu einem weiteren architektonischen Ausbau Hamburgs – in einer Zeit, als andere Städte des Alten Reiches kaum mehr als die schlimmsten Kriegsschäden beheben konnten. Vor allem zwei Kirchturmneubauten prägten fortan das Gesicht der Stadt, der Turm von St. Nikolai (1654–1656) und von St. Katharinen (1657–1658). Gänzlich neu erbaut wurde zwischen 1648 und 1661 die Pfarrkirche der Neustadt, St. Michaelis, mit der erstmals seit dem Mittelalter wieder ein neues Kirchspiel in der Hansestadt begründet wurde. Gerade die Errichtung dieses Gotteshauses wurde in der örtlichen zeitgenössischen Wahrnehmung vielfach als Zeichen eines Neuaufbruches nach dem Ende des Krieges gesehen.

Auch das Rathaus erhielt schon 1649 einen Erweiterungsbau, der durch eine neue, einheitliche Fassade mit dem Hauptgebäude verbunden wurde. Besonders die Bauwerke des Architekten Hans Hamelau prägten das weltliche Gesicht der Stadt in dieser Zeit – das Kornhaus ebenso wie das Spinnhaus und vor allem das weitberühmte Baumhaus, von dessen Galerie man bei Kaffee oder Bier das geschäftige Treiben im Hamburger Hafen überblicken konnte. Als der bekannte dänische Schriftsteller Jens Baggesen 1789 Hamburg besuchte, hielt er sich auch im Baumhaus auf, von dem er uns eine lebendige Beschreibung liefert:

«Am Nachmittag ging ich [...] zum berühmten Baumhaus, einem der ansehnlichsten öffentlichen Gebäude in der Nähe der Elbe, wo man, allein und in Gesellschaft, zu allen Zeiten mit allem bewirtet wird, was die gröberen Sinne verlangen können, vornehmlich mit den hamburgischen Prinzipalmaterien: Spielen, Essen und Trinken. Es ist ein sehr geräumiges, hohes Haus mit einem Balkon über dem dritten Stockwerk, von dem man ein Gewimmel von hin und her gleitenden Schiffen auf der Elbe, einen großen Teil der Stadt, die gesamte hannoversche Küste und, was das Auge besonders bezaubert, die hier und da aus dem Fluß hervorschauenden Inseln sieht.»[6]

Neben dem Touristenmagneten des Baumhauses entstand 1677 das von dem bedeutenden italienischen Theaterarchitekten Girolamo Sartorio geschaffene Opernhaus am Gänsemarkt. Daneben folgten auf den Wiederaufbau des 1666 abgebrannten Zuchthauses die Errichtung des Drillhauses für die Bürgerwache (1672) und des städtischen Bauhofes (1675), also der Bau von öffentlichen Gebäuden mit einem unmittelbaren gesellschaftlichen oder ökonomischen Nutzen. Zudem wurde die Stadt in der zweiten Hälfte des 17. Jahrhunderts im Bereich der Wallanlagen mit Grünflächen verschönert, und erstmals lud 1665 der neugeschaffene Jungfernstieg (damals noch unter der Bezeichnung Palmaille) auf dem alten Reesendamm zum Promenieren ein. 1673 wurden die ersten Öllampen als Straßenbeleuchtung installiert, die nicht zuletzt auch einer Steigerung der öffentlichen Sicherheit dienten. Schon zwei Jahre zuvor hatte der Rat zur Sicherung der öffentlichen Ordnung die Aufstellung einer Truppe aus Nachtwächtern von anfangs 50 Mann beschlossen – in der Öffentlichkeit als «Uhlen» (Eulen) bezeichnet. Die ersten Landhäuser begüterter Hamburger entstanden in den östlich der Stadt gelegenen Niederungen von Hamm, Horn und Billwerder, wo das flache Land und reichlich vorhandenes Wasser die Anlage geometrisch-barocker Gartenanlagen ermöglichten, die sich an adlige Parkkultur anlehnten.

Die hamburgische Gesellschaft blieb auch nach dem Dreißigjährigen Krieg ständisch organisiert, was sich zum Beispiel in Kleiderordnungen äußerte, mit denen die Obrigkeit die traditionelle Ständepyramide auch visuell zu konservieren trachtete. Nach einer landläufigen Einteilung zählten zum ersten Stand die vornehmsten Bürger, also Ratsherren, Kaufleute, graduierte Akademiker und selbständige Brauer. Zum zweiten Stand gehörten nichtgraduierte Angehörige geistiger Berufe, Schiffer, zünftige Handwerker, verantwortliche Bedienstete von Angehörigen des ersten Standes sowie nicht selbständige Brauer. Zum dritten Stand zählten vor allem Tagelöhner, Arbeiter und Gesinde.

Auch das Bürgerrecht wurde nicht einheitlich ausgeübt, sondern gliederte sich in verschiedene Kategorien. So gab es neben dem «großen Bürgerrecht» mit dem Recht zur freien Handels- und Gewerbeausübung das «kleine Bürgerrecht» für Gelehrte, Künstler und Handwerker. Daneben existierte die sogenannte «Schutzverwandtschaft» für Auswärtige, die damit das Recht zur freien Niederlassung und wirtschaftlichen Tätigkeit, nicht jedoch zur politischen Partizipation erhielten. Zahlreiche Einwohner Hamburgs ohne Grundbesitz oder Vermögen besaßen indes überhaupt kein Bürgerrecht.

Die Stadt blieb zur Zeit des aufkommenden Absolutismus in den umliegenden Territorien ein Zentrum selbstbewußter politischer Eliten. Trotz des Bevölkerungswachstums, eines andauernden ökonomischen Aufstiegs und des Ausbaus der Stadt blieb das Stadtregiment weitgehend den traditionellen Strukturen des ausgehenden Mittelalters und des 16. Jahrhunderts verhaftet. An der Spitze der hamburgischen Verfassung stand auch im 17. und 18. Jahrhundert der Rat, obwohl dessen Position nicht immer unumstritten war. Der Rat setzte sich in dieser Zeit aus vier Bürgermeistern, von denen jeweils zwei das Präsidium bildeten, und 20 übrigen Ratsherren zusammen. Unterstützung erfuhren die Geschäfte des Rates durch drei Syndici und drei Sekretäre. Jener stellte die Regierung der Stadt wie auch das oberste Verwaltungsorgan und die höchste städtische Rechtsinstanz dar. An der Gesetzgebung hatte er großen Anteil, da Gesetze von Rat und Bürgerschaft im Einvernehmen verabschiedet werden mußten. Die erbgesessene Bürgerschaft partizipierte durch Beteiligung am Gesetzgebungsprozeß an der politischen Entscheidungsfindung. Die Bürgerschaft hatte allerdings infolge des Bevölkerungszuwachses in Hamburg nach dem Ende des Dreißigjährigen Krieges deutlich ihr Aussehen verändert. Während zuvor auf den Bürgerschaftskonventen vor allem Grundeigentümer und Kaufleute anzutreffen waren, setzte sie sich nunmehr zu einem wesentlichen Teil aus Handwerkern der unteren Mittelschicht zusammen.

In der zweiten Hälfte des 17. Jahrhunderts drohte eine mühsam aufrechterhaltene Balance zwischen Rat und Bürgerschaft allmählich aus dem Gleichgewicht zu geraten. Konkret ging es um die Frage, wer real die höchste politische Macht, also das

«Kyrion», darstelle und wer die höchste Gerichtsbarkeit vor Ort besäße – der Rat oder die Bürgerschaft. Zudem stand das Problem im Raum, wem gegenüber der Rat verpflichtet sei. Während der Rat selbst auf den Kaiser verwies, nahm die erbgesessene Bürgerschaft für sich in Anspruch, den Rat für seine Arbeit zur Rechenschaft ziehen zu können. Diese Interessengegensätze brachen sich immer wieder in tumultartigen Auseinandersetzungen zwischen Rat und Bürgerschaft Bahn.

Der Gegensatz trat deutlich hervor, als nach dem Tode Christians IV. von Dänemark die akute militärische Bedrohung Hamburgs seitens des nördlichen Nachbarn für einige Zeit geschwunden war und die inneren Spannungen um so offener aufbrachen. 1650 und 1657 wurde durch zwei Rezesse versucht, einen drohenden Konflikt zu verhindern, was aber nur kurzzeitig gelang. Durch einen weiteren Rezeß wurde 1663 seitens der Bürgerschaft der Versuch unternommen, durch eine Änderung des Wahlrechtes Ämterkäuflichkeit und Nepotismus unter den Ratsmitgliedern entgegenzuwirken.

Schließlich schaltete sich der Kaiser vermittelnd in diesen Konflikt ein. 1667 erreichte eine kaiserliche Kommission Hamburg, nachdem der Rat den Reichshofrat angerufen hatte, da zwei Ratsmitglieder wegen Korruptionsverdachts von der Bürgerschaft aus dem Amte vertrieben worden waren. Eine zweite kaiserliche Kommission wurde 1674 in Gestalt des Grafen Windischgrätz ausgesandt. 1683 und 1694 waren erneut kaiserliche Delegationen zur Beilegung der Konflikte zwischen Rat und Bürgerschaft in Hamburg. Diese Tatsache verdeutlicht die große politische Rolle, die das Reich in dieser Zeit für Hamburg spielte, ohne daß durch dessen Eingreifen die Probleme in der Stadt hätten beseitigt werden können.

In den 1680er Jahren verband sich der innere Konflikt zwischen Rat und Bürgerschaft mit einer erneut wachsenden Bedrohung durch das wieder erstarkende Dänemark. Denn noch immer war die Frage nach der Reichsstandschaft nicht endgültig beantwortet. Beide Konfliktfelder verbanden sich in dem Versuch der Bürgerschaft unter Cordt Jastram (1634–1686) und Jeronimo Snitger (1648–1686), die politische Vormacht des

Rates endgültig zu brechen. Ihr anfangs vielversprechender Plan, dieses Ansinnen durch ein Bündnis mit Christian V. von Dänemark zu erreichen, scheiterte schließlich am inneren Widerstand der Bürgerschaft selbst. So verlangte König Christian V. im August 1686 von Hamburg die Erbhuldigung und unterstrich diese Forderung völlig unerwartet mit dem Aufmarsch von etwa 16 000 Fußsoldaten und 2500 Reitern. Jastram und Snitger gerieten zunehmend in den Verdacht, Hamburg dem Dänenkönig ausgeliefert zu haben, wurden gestürzt und nach Folter und Prozeß am 4. Oktober 1686 hingerichtet.

Der Konflikt zwischen Rat und Bürgerschaft erlangte nicht nur eine politische, sondern auch eine konfessionelle Dimension. Denn neben den traditionellen ständischen Gruppen und den Immigranten war es vor allem die Leitung der lutherischen Kirche in Form des «Geistlichen Ministeriums», die die gesellschaftlichen Strukturen in Hamburg mitbestimmte, ja sogar gesellschaftlichen Führungsanspruch erhob. Besonders aktuell wurde dieser Anspruch gegen Ende des 17. Jahrhunderts, als sich zunehmend pietistische Strömungen in Hamburg verbreiteten.

Zu einer ersten ernsthaften Auseinandersetzung zwischen orthodoxen Lutheranern und Pietisten kam es bereits Ende der 1670er Jahre, nachdem der pietistische Geistliche Johann Jacob Horb (1645–1698), ein Schwager Johann Karl Philipp Speners, das Amt des Hauptpastors an St. Nikolai übernommen hatte. Dort geriet er in zunehmenden Konflikt mit dem überwiegend anti-pietistischen Geistlichen Ministerium, insbesondere mit den Pastoren Samuel Schultz (St. Petri), Heinrich Elmenhorst und Johann Friedrich Mayer (St. Jacobi). Seit 1678 herrschte zwischen beiden Parteien ein offener Konflikt. Den Lutherisch-Orthodoxen gelang es schließlich, über die Bürgerschaft, die in ihrer Mehrheit auch der lutherischen Linie folgte, Horb seines Amtes zu entheben und ihn 1693 aus der Stadt zu vertreiben.

Die jahrzehntelangen Auseinandersetzungen um das «Kyrion» und um den rechten Glauben hatten die Macht des Rates allmählich ausgehöhlt. 1708 gelang es einem niedersächsischen Kreisheer, durch eine militärische Intervention den Einfluß des

Rates wiederherzustellen und vor allem beide Seiten verhandlungsbereit zu stimmen. Eine kaiserliche Gesandtschaft, die Hamburg im selben Jahr erreichte, stützte sich in ihrer Arbeit auch auf die Vermittlungsversuche des niederländischen und englischen Gesandten in der Stadt, die auf Grund der internationalen Bedeutung Hamburgs als Handelsmetropole an friedlichen inneren Verhältnissen interessiert waren. So gelang es der von den Ereignissen des Nordischen Krieges weitgehend verschonten Hansestadt, sich durch kaiserliche Vermittlung mit dem Hauptrezeß von 1712 eine neue Verfassung zu geben und damit gleichzeitig einen endgültigen politischen Ausgleich zwischen Rat und der erbgesessenen Bürgerschaft zu erreichen. Dieser Hauptrezeß legte fest, daß das «Kyrion», also die oberste Staatsgewalt, gemeinsam in den Händen des Rates und der erbgesessenen Bürgerschaft liegen sollte.

Auch nach dem Hauptrezeß kam es vereinzelt zu konfessionellen Auseinandersetzungen, die sich nun aber vor allem gegen die Katholiken richteten und zu Spannungen zwischen der Stadt Hamburg und dem Kaiser führten. Den Auftakt für solche Irritationen boten die Feierlichkeiten zum Reformationsjubiläum im Jahre 1717, die in der Zerstörung der katholischen Kapelle im Haus der kaiserlichen Gesandtschaft durch eine aufgebrachte Menge zwei Jahre später gipfelten.

Der Hauptrezeß sorgte auf lange Sicht, bis in die letzten Jahrzehnte des 18. Jahrhunderts hinein, für stabile innere politische Verhältnisse, während die außenpolitische Situation auch das gesamte 18. Jahrhundert hindurch ständig Anlaß zu Besorgnis gab. Vor allem die Beziehungen zum nördlichen Nachbarn Holstein-Dänemark blieben weiterhin unklar. So mischte sich Dänemark zwischen 1717 und 1736 immer wieder in die Hamburger Finanzpolitik ein (Währungsstreit), was mit der Auferlegung einer Zwangsanleihe von 1,4 Mio. Reichstalern während des Siebenjährigen Krieges eine Fortsetzung fand.

Erst der vom dänischen Schatzmeister Heinrich Carl Schimmelmann ausgehandelte Gottorper Vergleich beendete 1768 die Auseinandersetzungen zwischen Hamburg und Dänemark um die staatsrechtliche Stellung der Elbmetropole. Gegen den Ver-

zicht auf die Rückzahlung von Krediten sowie mit einem Gebiets-
tausch erkannte Dänemark endgültig die Reichsunmittelbarkeit
Hamburgs an und trat alle zwischen Billwerder und Finkenwerder gelegenen Elbinseln an die Stadt ab.

Zwei ernsthafte soziale Krisen brachten neben der konfessionellen und außenpolitischen Auseinandersetzung die gesellschaftlichen Strukturen in Hamburg zu Beginn des 18. Jahrhunderts
ins Wanken: die Pest und die wachsende Armut. Armut entwickelte sich aus dem steten Zuzug von Arbeitssuchenden und
Kriegsflüchtlingen, die bei weitem nicht alle ein Auskommen
fanden. Das städtische Zucht- und Armenhaus war in der Regel
hoffnungslos überlaufen. Um 1705 tauchten zudem die ersten
Pestfälle in Hamburg auf. In den folgenden Jahren verfolgte der
Rat die Politik der Aufrechterhaltung eines *cordon sanitaire*,
welcher die Stadt aber vor einer Ausbreitung dieser Krankheit
nicht nachhaltig schützen konnte. Krankheit und Elend poten-
zierten sich durch den harten Winter 1712/13 sowie durch zahlreiche Flüchtlinge, die das vom Nordischen Krieg nicht betroffe-
ne Hamburg aufsuchten. Die letzte Pestepidemie zwischen
1712 und 1714 forderte an die 10 000 Todesopfer. Die Unter-
brechung von Handelsverbindungen mit gefährdeten Pestgebie-
ten führte zu einem Wegbrechen weiter Teile des Arbeitsmarktes,
vor allem im Handels- und Hafenbereich. Ein Pestausbruch
im Jahre 1715 erreichte dann aber nur noch die Hamburger
Vororte, nicht mehr die Stadt selbst. Nach dem durch die Pest
hervorgerufenen demographischen Einbruch wuchs die Bevölkerung Hamburgs im 18. Jahrhundert stetig an. Sie stieg von
etwa 75 000 Menschen im Jahre 1710 über ca. 90 000 1750 bis
auf rund 130 000 in der Revolutionszeit an. Erst um die Jahrhundertwende ging die Zahl der Einwohnerschaft Hamburgs
wieder leicht zurück.

In dieser Zeit des demographischen Wachstums verzeichnete
Hamburg wieder einmal eine rege Bautätigkeit. Den Beginn
machte der Neubau der Dreieinigkeitskirche in St. Georg 1743–
1747. 1750 brannte durch einen Blitzeinschlag die Michaeliskirche nieder, sie wurde bis 1781 von Johann Leonhard Prey
und Ernst Georg Sonnin (ab 1757 von Sonnin allein) wieder-

aufgebaut und erhielt dabei ihren charakteristischen Turm –
den «Michel» –, der nach einem Brand im Jahre 1906 in gleicher Gestalt wiedererrichtet wurde. Der vielseitige Baumeister
Sonnin (1713–1794) beschäftigte sich zudem mit der Begradi-
gung der sich bedrohlich neigenden Kirchtürme von St. Nikolai,
des Domes und von St. Katharinen mit damals modernster Tech-
nik, engagierte sich beim Umbau des Rathauses in den 1770er
und 1780er Jahren und interessierte sich auch für wasserbau-
technische Fragen. Neben anderen Neubauten wie dem Niedergericht und erneut der Oper bemühte sich die Stadt in dieser
Zeit um eine weitere Begrünung Hamburgs, etwa durch das
Pflanzen von Alleebäumen an den großen Ausfallwegen. Die
Moden der Gartenbaukunst begünstigten in der zweiten Hälfte
des 18. Jahrhunderts das Hügelland im Westen der Stadt im
Gegensatz zum flachen Osten, wo im 17. Jahrhundert die ersten
Landhäuser reicher Hamburger entstanden waren. In dieser Zeit
wurde die Elbchaussee auf holsteinischem Territorium längs
der Elbe mit den repräsentativen Landhäusern wohlhabender
Stadtbewohner samt ihren englischen Landschaftsgärten bebaut, die teilweise noch heute von der bürgerlichen Lebenskultur
vergangener Jahrhunderte zeugen.

Die Baumaßnahmen an den Kirchengebäuden konnten aber
nicht darüber hinwegtäuschen, daß die Zeit der innerkonfessio-
nellen Auseinandersetzungen an der Elbe noch nicht vorbei
war. So kam es zwischen den 1750er und 1770er Jahren noch
einmal zu einer erneuten Konfrontation zwischen dem orthodoxen Luthertum und liberaleren Kräften, als der aus Halber-
stadt stammende orthodoxe Lutheraner Melcheor Goeze (1717–
1786) sein Amt als Hauptpastor von St. Katharinen für öffentliche Angriffe gegen aufklärerische Ideen und eine vermeintliche
Sittenlosigkeit unter der Hamburger Bevölkerung nutzte. Aus
seinen Predigten entspann sich eine heftige publizistische Auseinandersetzung, unter anderem mit dem Reformpädagogen
Johann Bernhard Basedow, wobei Goeze schließlich auch heftige Gegenkritik und beißenden Spott der Aufklärer einstecken
mußte. Der Streit eskalierte, nachdem Lessing zwischen 1774
und 1777 die «Fragmente eines Unbekannten» veröffentlicht

hatte. Goeze sah diese als Verunglimpfung des christlichen Glaubens an, woraufhin sich beide Kontrahenten in ihren gegeneinander gerichteten Schriften schließlich nicht nur fachlich-intellektuell, sondern auch persönlich angriffen. Die Zeit schritt jedoch unerbittlich voran, und es wurde immer stiller um Goeze, der sich in seinen letzten Lebensjahren nur noch mit Bibelstudien beschäftigte.

7. Handelsexpansion und Konkurrenz vor der eigenen Haustür

Das Jahrhundert seit dem Ende des Dreißigjährigen Krieges stellte nicht nur eine Zeit des politischen und konfessionellen Konflikts dar, sondern vor allem eine Epoche des unvergleichlichen ökonomischen Aufbruchs. Schon 1665 gründeten Hamburger Kaufleute die Commerzdeputation, aus der sich 1867 die Hamburger Handelskammer entwickelte. Jene vertrat die Interessen der örtlichen Kaufmannschaft vor dem Rat und versuchte, Einfluß auf die Hamburger Außen- und Handelspolitik zu nehmen. So fielen in der Folgezeit einige zum Teil noch aus dem Mittelalter herrührende Handelsregelungen, wie 1727 der Transitzoll oder 1748 der Getreidestapel. Die ohnehin schon ökonomisch herausragende Elbmetropole entfaltete dadurch eine immer größere Dynamik als überregionales Handelszentrum. In der Zeit des Siebenjährigen Krieges hielt sich der Gothaische Kameralist Christian Ludewig von Griesheim (1709–1767) in Hamburg auf und verfaßte hier eine Schrift unter dem Titel «Die Stadt Hamburg nach ihrem politischen, oeconomischen und sittlichen Zustande». In diesem Werk, das dem zuvor relativ unbekannten Griesheim in der Öffentlichkeit einiges Ansehen als Ökonom einbrachte, äußert sich der Verfasser grundlegend über die wirtschaftlichen Vorzüge Hamburgs:

«Hamburg ist das grosse deutsche Magazin. Welcher vernünftiger Deutsche sollte sich mit diesem einländischen Magazin bey günstiger Gelegenheit nicht bekant machen, und dasselbe mit seiner Heymath zu verbinden suchen? Das ist möglich, er mag in Deutschland wohnen, wo er will. Jeder Reisender sollte das nahrhafte Hamburg eben so aufmerksam betrachten, als das schöne, glänzende, und anmuthige der Regenten Hofhaltungen, und Wohnsitze des vornehmen Adels.»[7]

Griesheim beschreibt Hamburg als bedeutendste deutsche Handelsmetropole und herausragende Attraktion des Alten Reiches, die jedermann nach Möglichkeit aus eigener Anschauung kennenzulernen habe. Daß aber auch in der Elbmetropole Wohlstand und Geschäftserfolg nur allzu vergänglich waren, zeigte sich schon einige Jahre später. Eine schwere Wirtschaftskrise zog herauf, als Preußen zur Finanzierung seiner Kriegsschulden nach dem Ende des Siebenjährigen Krieges alte Münzen außer Kurs setzte, woraufhin in Hamburg 95 Handelshäuser in den Bankrott gerissen wurden.

Während um die Mitte des 17. Jahrhunderts die Iberische Halbinsel für die Hamburgische Kaufmannschaft die größte Rolle als Handelspartner spielte, avancierten in der zweiten Jahrhunderthälfte die Niederlande zum bedeutendsten Geschäftspartner der Elbmetropole. Dorthin segelten in dieser Zeit mehr als die Hälfte der Seeschiffe, die Hamburg verließen, und kehrten mit Gewürzen, Tabak, Kaffee und Heringen wieder zurück. Hamburg lieferte wie bereits im Mittelalter schon im Entrepôthandel Getreide, Holz- und Holzprodukte, Tran, Wachs und Felle aus dem nord- und ostdeutschen Hinterland sowie aus dem Ostseeraum. Hinzu kam Salpeter aus Rußland.

Im ausgehenden 17. und in der ersten Hälfte des 18. Jahrhunderts übernahm schließlich England die Rolle des bedeutendsten Handelspartners. So kamen beispielsweise in den Jahren 1703 und 1706 mehr als 50% aller Auslandsimporte aus England, und erst seit der Mitte des 18. Jahrhunderts mußte England seine führende Rolle zugunsten Frankreichs abtreten. Die Stadt entwickelte sich nach einem vorübergehenden Einbruch der Handelsbilanz mit Frankreich infolge des Siebenjährigen Krieges zu einem der wichtigsten Importeure französischer Kolonialwaren aus Westindien, vor allem von Zucker und Kaffee. Ein eigenständiger Hamburger Kolonialhandel war seit 1767 aber allein mit der dänischen Zuckerinsel St. Thomas in der Karibik möglich.

Die Unabhängigkeit der Vereinigten Staaten von Amerika führte in den letzten Jahrzehnten des 18. Jahrhunderts auch zu einer Blüte des Hamburger Handels mit den ehemaligen englischen Kolonien an der amerikanischen Ostküste, aus denen vornehmlich Reis, Zucker, Kaffee, Tabak und Baumwolle bezogen wurden, während Hamburg Textilien aus Schlesien, Sachsen und Westfalen lieferte. Im Gegensatz dazu kam der Hamburger Mittelmeerhandel um die Mitte des 18. Jahrhunderts fast vollständig zum Erliegen, da es der Stadt auf lange Sicht mit ihren beschränkten militärischen Mitteln und geringer außenpolitischer Handlungsmöglichkeit nicht gelang, dem Problem der Barbaresken nachhaltig Herr zu werden.

Die Hanse gehörte seit dem 17. Jahrhundert zu den ökonomischen Auslaufmodellen. Weder militärischer Schutz noch politische Einflußnahme zugunsten einzelner Hansestädte waren von der Gesamthanse noch zu erwarten. Nach einer Pause von vier Jahrzehnten fand 1669 der letzte Hansetag statt. Der einstmals umfassende Städtebund war zu dieser Zeit schon längst durch ein Dreierbündnis zwischen Hamburg, Lübeck und Bremen abgelöst worden. Auch die Versuche, eine Nachfolgevereinigung zwischen niederdeutschen und oberdeutschen Handelsstädten ins Leben zu rufen, an denen der Hamburger Syndikus Vincent Garmers maßgeblich beteiligt war, schlugen fehl.

Ebenso wie beim Handel vollzog sich auch in der Gewerbelandschaft seit dem Dreißigjährigen Krieg ein allmählicher Wandel. Anstelle des Bierbrauens erlangte im 17. Jahrhundert die Zuckersiederei («Zuckerbäckerei») die Rolle des führenden Exportgewerbes. Der Rohzucker stammte überwiegend aus Madeira, von den Kanarischen Inseln oder St. Thomas. Exportiert wurden der raffinierte Zucker und Sirup – die in dem Ruf hoher Qualität standen – vor allem in den Ostseeraum. Die zweite Hälfte des 17. Jahrhunderts verzeichnete auch den Aufstieg des Hamburger Walfangs. Tran wurde in den Hamburger

Transiedereien in St. Pauli gekocht und besaß als Lichtquelle eine herausragende Bedeutung im frühneuzeitlichen Europa. Auch das Kunsthandwerk erlebte im Hamburg des 17. Jahrhunderts eine regelrechte Blüte, und die Stadt avancierte zum bedeutenden Zentrum der norddeutschen Goldschmiedekunst. Die Möbelproduktion brachte mit dem «Hamburger Schapp» eine wichtige Innovation und ein Exportprodukt hervor.

Das städtische Gewerbe wurde auch in dieser Zeit des ökonomischen Aufbruchs nach wie vor von den Ämtern dominiert, die ihre Monopolstellung mit allen ihnen zur Verfügung stehenden Mitteln verteidigten. Neben dem offiziellen durch die Ämter dominierten Gewerbe etablierte sich in der Stadt ein aus Sicht der Ämter illegales Gewerbe außerhalb deren Kontrolle und Normen. Die Ursache hierfür lag vor allem darin, daß die Hamburger Ämter in großem Umfang Handwerker ausbildeten, denen aber bei weitem nicht allen der Weg zum Meistertitel offenstand. Um nicht lebenslang für einen Meister arbeiten zu müssen, gründeten viele Handwerker eigene, illegale Handwerksbetriebe, mit denen sie zu wesentlich günstigeren Preisen einen Großteil der Hamburger Nachfrage nach Gewerbeprodukten befriedigten – die sogenannten «Böhnhasen», benannt nach der «Böhn», einem Bodenraum, in dem diese Handwerker diskret arbeiteten. Die Böhnhasen wurden von den Ämtern unter Gewaltanwendung bekämpft, ohne daß man ihnen allerdings Herr werden konnte.

Es blieb den Handwerkern aber auch die Möglichkeit, von den umliegenden holsteinischen Orten, wie beispielsweise von Altona aus, den Hamburger Markt aus der Sicht der Ämter illegal zu bedienen. So entwickelte sich gerade Altona zu einem wachsenden Konkurrenten Hamburgs in der Gewerbeproduktion. Auf Grund seiner außerordentlich schwierigen finanziellen Lage nach dem Tode Christians IV. hatte Dänemark bereits nach dem Ende des Dreißigjährigen Krieges Hamburg die Anerkennung der Reichsstandschaft und die Übertragung seines Umlandes einschließlich Altonas gegen eine hohe Ablösesumme angeboten. Während der Rat zur Zustimmung bereit war, führte der Widerstand der Bürgerschaft letztlich zur Zurückweisung dieses Angebotes. Die Rivalität zwischen Rat und Bürgerschaft führte hier offensichtlich eine Entscheidung herbei, die dem Wohl der Stadt abträglich war. Als Antwort auf diese Zurückweisung des dänischen Vorschlags verlieh der dänische König 1664 Altona das Stadtrecht und stattete es mit weitgehender Glaubens- und Gewerbefreiheit aus.

Mit diesem Schritt etablierte sich Altona auf Dauer als Konkurrent in unmittelbarer Nachbarschaft der Elbmetropole. Der Ort entwickelte sich im Laufe des 17. Jahrhunderts von einer kleinen, unbedeutenden Fischersiedlung im Territorium der Schauenburger Grafen der sogenannten Pinneberger Linie (um 1570 etwa 50 Einwohner) zur drittgrößten Stadt im dänischen Gesamtstaat. Die günstige geographische Lage an der Elbe und in unmittelbarer Nachbarschaft zur Hansestadt Hamburg wurde vom Pinneberger Landesherrn, dem Fürsten Ernst Graf von Schauenburg, erstmals zu Beginn des 17. Jahrhunderts entdeckt. Dieser legte durch religiöse Toleranz den Grundstein für die weitere Entwicklung Altonas. So gewährte er Mennoniten und Reformierten das Recht auf freie Religionsausübung sowie auf Gewerbefreiheit, wie auch die Juden ihre Religion frei ausüben konnten. Die 1611/12 als eigener Ortsbezirk gegründete «Freiheit» – später in Kleine Freiheit und Große Freiheit geteilt – entwickelte sich als eigenständiger Stadtteil unmittelbar an der hamburgischen Grenze zu einer Heimstätte nicht zünftischen Gewerbes.

Nach dem Aussterben des Schauenburger Grafenhauses im Mannesstamm fiel Altona 1640 an den dänischen König. In dänischer Zeit stieg die Einwohnerzahl auf 3000 (1664) und dann auf 12 000 (1710) Menschen signifikant an. Auch ein verheerender Stadtbrand 1712 und die Verwüstungen durch die schwedische Besetzung im darauffolgenden Jahr hemmten den Aufstieg nur vorübergehend; denn nach den Zerstörungen durch den Nordischen Krieg verzeichnete Altona im Zeichen des dänisch-gesamtstaatlichen Merkantilismus unter Zurückdrängung zünftischer und ständischer Sonderstellungen einen raschen Wiederaufbau und ein deutliches Wirtschaftswachstum, das in Hamburg teils als Katalysator gegen die eigene traditionelle Gewerbepolitik, teils als unmittelbare Bedrohung begriffen wurde.

Altona brauchte sich im 18. Jahrhundert auch kulturell nicht hinter seinem großen Nachbarn im Osten zu verstecken. So entstanden bis um die Mitte des Jahrhunderts mehrere neue Kirchengebäude sowie 1744 das Akademische Gymnasium (Christianeum). Neben dem bekannten Arzt Johann August Unzer, seinem Neffen, dem Arzt und Schriftsteller Johann Christoph Unzer, und dessen Frau, der Schriftstellerin Charlotte Unzer, lebte hier auch einige Zeit der renommierte Pädagoge Johann Bernhard Basedow.

Demgegenüber entwickelte das südlich der Elbe gelegene Harburg kaum genügend ökonomische Dynamik, um es auch nur ansatzweise mit dem mächtigen Konkurrenten Hamburg aufzunehmen. Harburg war zwischen 1527 und 1642 Residenz einer welfischen Nebenlinie des Herzogtums Braunschweig-Lüneburg-Harburg, der sogenannten «abgetrennten» welfischen Herren. In dieser Zeit vergrößerte sich dessen Einwohnerzahl trotz mehrerer Pestepidemien von etwa 500 auf ungefähr 1800 Menschen, eine kapitalkräftige Kaufmannschaft konnte sich dennoch nicht entwickeln. Allein als Holzumschlagplatz und als ein Zentrum des Schiffer- und Fuhrgewerbes – vor allem im Transport von Gütern über die Elbe nach Hamburg und in der Schiffahrt auf der Oberelbe – erlangte Harburg einige regionale Bedeutung.

In der Zeit des Dreißigjährigen Krieges – nachdem Harburg wieder an die Lüneburger Hauptlinie des Welfenhauses zurückgefallen war – wurde die Stadt trotz des Protestes Hamburgs, Bremens und Lübecks zur Festung ausgebaut. Damit änderte Harburg in markanter Weise sein Gesicht. Die ältesten Teile der Stadt mußten den neuen Befestigungsanlagen weichen, und massive Veränderungen an den Deichen wurden erforderlich. Wirtschaftliche Fördermaßnahmen der Landesherren waren seit der zweiten Hälfte des 17. Jahrhunderts dennoch oft nicht sachgerecht, ja wurden bisweilen sogar dilettantisch durchgeführt. Der Versuch, in Anlehnung an Brandenburg-Preußen nach der Widerrufung des Edikts von Nantes Glaubensflüchtlinge in die

Stadt zu locken, zeitigte ebenfalls kaum nachhaltige Wirkung. Auch nachdem Harburg mit dem gesamten Lüneburger Fürstentum 1705 an das Kurfürstentum Hannover übergegangen war, änderte sich trotz einiger zwischen 1707 und 1709 ausgestellter umfangreicher Handelsprivilegien nur wenig an dieser Situation. Immerhin zählte die Stadt im Jahre 1725 bereits an die 4000 Einwohner, darunter aber vor allem Soldaten, Handwerker und Tagelöhner sowie deren Familien, dagegen kaum Kaufleute.

8. Kommunikation und Kultur
im 17. und 18. Jahrhundert

Hamburg entwickelte sich seit dem 17. Jahrhundert, vor allem jedoch im 18. Jahrhundert, zu einem Knotenpunkt der Kommunikation, des Buchhandels und zu einer Pressemetropole im Alten Reich. Das lag nicht zuletzt an der verkehrsgünstigen Lage der Stadt an den Handelsrouten nach Westeuropa und in das Innere des Alten Reiches, so daß aktuelle Nachrichten und Wirtschaftsmeldungen sowie neue kulturelle Trends Hamburg in der Regel rasch erreichten. Grundlage für die Entstehung eines Kommunikationsnetzwerkes war die Etablierung verschiedener Postniederlassungen in Hamburg, die als Übermittler ökonomischer und politischer Informationen von außerhalb fungierten.

Es waren hauptsächlich die Kaufleute, die an dem aktuellen Tagesgeschehen in den bevorzugten Partnerhandelsstädten interessiert waren. Die Informationsvermittlung dürfte anfänglich denn auch zum großen Teil über Kaufleute oder die auswärtigen Gesandten in Hamburg abgelaufen sein. Seit den 1620er Jahren erschienen aber auch die ersten regelmäßigen Zeitungen, wie die «Wöchentliche Zeitung auß mehrerley örther» (1619–1627) oder die «Wochentliche newe Hamburger Zeitung» (1630–1637). Am bedeutendsten war aber zweifellos der «Nordische Mercurius» des universalen Publizisten und Schriftstellers

Georg Greflinger, der zwischen 1665 und 1730 in Hamburg erschien. Greflinger war ursprünglich Notar und betätigte sich
neben der Herausgabe des «Nordischen Mercurius» auch als
Verfasser vieler Gedichte und Epigramme.

Die große Bedeutung von Kommunikation und Medien für
Hamburg wurde bereits Mitte des 17. Jahrhunderts von den
zeitgenössischen Bildungsträgern erkannt. So spricht beispielsweise der fiktive Diskutant Kallorin in Johann Rists «Monats-
gesprächen» im Jahre 1663:

«Und eben dises schätze ich für eine gahr große Glückseligkeit der Statt-
leute, das sie vermittelst ihrer Zusammenschreibung, Briefewechselung,
oder Correspondentz fast alles, was in der Welt geschiehet, können
erfahren. Es sind ja die Posten in den großen Stätten, absonderlich in
unserem Hamburg dermahßen wol bestellet, das man in gahr kurtzer
Zeit, [...] aus allen Ländern und Königreichen Briefe und Zeitungen
kan haben.»[8]

Von besonderer Bedeutung für die Entstehung von Kommuni-
kationsnetzwerken in Hamburg waren die Informationskanäle
der niederländischen Einwanderer, die sich seit dem ausgehenden 16. Jahrhundert in Hamburg niedergelassen hatten. Über
deren Kontakte mit der alten Heimat gelangten niederländische
Nachrichtenblätter wie der «Harlemsche Courant» oder der
«Amsterdamer Courant» an die Elbe und beeinflußten ihrerseits
die Entwicklung des Hamburger Zeitungswesens. Auch der
Hamburger Buchhandel stand im 17. Jahrhundert sehr stark
unter niederländischem Einfluß. «Bey der Börse» existierte über
lange Zeiträume die Buchhandlung von P. Arentsz, A. Pietersen,
C. de Vlieger und P. Groote.

Neben den gedruckten Medien institutionalisierte sich der
Informationsaustausch in der zweiten Hälfte des 17. Jahrhunderts vor allem in den Tee- und Kaffeehäusern der Stadt. Deren
Entstehung ist im Zusammenhang mit einer Veränderung der
Konsumgewohnheiten zu betrachten. Wer es sich leisten konnte,
trank seit der zweiten Hälfte des 17. Jahrhunderts, vor allem
aber im darauffolgenden Jahrhundert, statt des Bieres nun Kaffee, Tee oder Kakao; und auch das Rauchen von Tabak wurde

immer beliebter. Das erste jener Etablissements wurde im Jahre 1677 von einem Engländer gegründet. Um 1700 existierten bereits sechs Kaffeehäuser in Hamburg, eines davon an der Trostbrücke in unmittelbarer Umgebung der Börse. Hier lagen niederländische und deutschsprachige Zeitungen und Zeitschriften zur Lektüre aus.

Hamburg stellte in der Frühen Neuzeit aber nicht allein ein Zentrum der Kommunikation dar, sondern auch den norddeutschen Mittelpunkt künstlerischen Schaffens. Dieses war im 17. Jahrhunderts stark von niederländischen Einflüssen geprägt; so wirkten mit Bonaventure Peeters, Philips Wouverman, Jacob Adriaensz Bellevois und Antonie Waterlo mehrere niederländische Künstler an der Elbe, und lokale Hamburger Künstler ließen sich vom niederländischen Stil inspirieren. Zu den bedeutendsten aus Hamburg stammenden Malern dieser Zeit zählen Otto Wagenfeldt, Jacob Matthias Weyer und Matthias Scheits. Besonders das Werk von Matthias Scheits (geboren um 1630 in Hamburg) erfuhr weit über Hamburg hinaus Beachtung, so etwa seine Illustrationen einer 1672 in Lüneburg erschienenen Bibelausgabe.

Die umfassende Kunstproduktion wäre ohne eine hochentwickelte Sammlerkultur in der Elbmetropole nicht möglich gewesen, was belegt, daß Hamburg entgegen einem landläufigen Klischee in dieser Zeit keineswegs eine kulturfeindliche Stadt war. Bereits im 17. Jahrhundert ist Sammlertätigkeit belegt, die aber erst im darauffolgenden Jahrhundert mit 140 nachweisbaren Kunstauktionen einen Höhepunkt erlebte. Im Zusammenhang mit dem Auktionswesen etablierte sich eine ganze Reihe von Kunsthändlern, die die vielfältigen Handelskontakte der Elbmetropole mit Nordwesteuropa nutzten, um Gemälde in Hamburg selbst abzusetzen oder zu reexportieren. Hierzu zählte beispielsweise der prominente Kunsthändler Gerhard Morell, der über Geschäftskontakte zum dänischen Königshaus sowie zu den Herrscherhäusern von Hessen-Kassel, Mecklenburg-Schwerin und Holstein Gottorf verfügte. Nicht nur Kaufleute erwarben durch diese Kunstkontakte Gemäldesammlungen, auch der berühmte Hamburger Dichter Barthold Heinrich Brockes (s. u.) kaufte «ein klein Cabinett von Gemählden etc.», zudem Künstler selbst wie der Hamburger Maler Balthasar Denner.

Neben Malerei und Kunsthandel entwickelte sich Hamburg gleichfalls zu einem Mittelpunkt barocker Poesie und der barocken deutschen Sprachbewegung. So initiierten der Dichter Philipp von Zesen (1619–1689) 1643 in Hamburg die «Teutsch gesinnte Genossenschaft» zur Pflege und vermeintlichen Reinhaltung der deutschen Sprache und einige Jahre später der Wedeler Pastor Johann Rist (1607–1667) den «Elbschwanenorden». Die Mitglieder der «Teutsch gesinnten Genossenschaft» hatten gemäß von Zesens Programm die Aufgabe, sich um die Erhaltung der deutschen Sprache zu bemühen und diese vom «fremden unwesen und gemische» zu befreien. In ähnlicher Weise setzte sich Johann Balthasar Schuppius – seit 1649 Hauptpastor an St. Jacobi – in Gedichten und Satiren für die Reinhaltung der deutschen Sprache ein. Diese Sprachbewegung bildete das Substrat, auf dem später aus England stammende frühaufklärerische Moral- und Tugendvorstellungen gedeihen konnten.

Auch die ersten Jahrzehnte des 18. Jahrhunderts offenbaren ein reges literarisches Leben in der Stadt. Dieses wurde durch die heute kaum mehr gelesenen Schriftsteller Christian Friedrich Hunold, Christian Wernicke und Barthold Feind begründet und durch den herausragenden Dichter und Ratsherrn Barthold Heinrich Brockes zur Blüte gebracht. Durch seine publizistische Tätigkeit, die ihn in Hamburg auch mit den politischen Eliten in der Stadt bekannt gemacht hatte, erwarb sich Brockes gesellschaftliche Reputation, so daß er 1720 in den Hamburger Rat gewählt wurde.

Einer jüngeren Literatengeneration gehörte der 1708 in Hamburg geborene Friedrich von Hagedorn an, der der deutschsprachigen Dichtung seiner Vorgänger ihre formale Starrheit nahm. Der bedeutendste Hamburger Dichter der zweiten Hälfte des 18. Jahrhunderts war zweifellos der 1724 in Quedlinburg geborene Friedrich Gottlieb Klopstock, der auf einer Reise von Zürich nach Kopenhagen in Hamburg seine spätere Ehefrau Meta Moller kennenlernte, sich 1770 in der Elbmetropole nie-

derließ und bis zu seinem Tode 1803 in Hamburg lebte. Zu
seinen herausragenden Werken zählt der 1773 vollendete «Messias», der von Telemann vertont wurde.

Gleichfalls können wir für die Jahrzehnte nach dem Ende des
Dreißigjährigen Krieges eine Blüte der geistlichen, dann im
Zeitalter der Aufklärung vor allem der weltlichen Musik beobachten. Musik spiegelt sich auch in den herausragenden Orgeln
wider, die seit dem 16. Jahrhundert für die Hamburger Kirchen
gebaut wurden – am bekanntesten die Orgeln von Arp Schnitger
(1648–1719) für St. Nikolai und St. Jacobi, von denen sich die
letztere bis heute erhalten hat. Zum weltlichen Vergnügen beschäftigte die Stadt neben den hauptamtlich tätigen Ratsmusikanten die sogenannten Rollbrüder, die in den Vorstädten zum
Tanz aufzuspielen hatten, während die Musik der Ratsmusikanten offiziellen oder halboffiziellen Ereignissen vorbehalten blieb.
Die Stadt band immer wieder vergleichsweise bekannte Musiker
an sich, wie im 17. Jahrhundert Johann Paul Schoop als Direktor
der Ratsmusikanten, Thomas Selle als Kantor am Johanneum,
Christoph Bernhard, Matthias Weckmann und Johann Theile.
Im musikalischen Leben drückten sich die engen kulturellen Verbindungen mit England aus. So wurden vielfach die Arbeiten
englischer Komponisten des 17. Jahrhunderts in Hamburg veröffentlicht; beispielsweise druckte der in der Elbmetropole lebende Engländer Thomas Simpson schon 1610 und 1624 die
Gambenmusik John Dowlands.

Die 1678 gegründete Oper erlebte ebenfalls im ausgehenden
17. und beginnenden 18. Jahrhundert eine Blütephase. In der
Anfangszeit stammte ein Großteil der Kompositionen für die
Hamburger Oper von Christian Heinrich Postel, der nach einem
Jurastudium sein Wissen durch zwei ausgedehnte Reisen durch
Mittel-, Süd- und Westeuropa verfeinert hatte und sich in Hamburg mit der Komposition von 25 Opernlibretti profilierte. Seit
1697 leitete der Komponist Reinhard Keiser (1674–1739) die
Hamburger Oper, für einige Jahre sogar als eigenverantwortlicher Pächter. In seiner Zeit entwickelte das Opernhaus eine
große Anziehungskraft, und es wurden Gastspiele beispielsweise
in Kiel aufgeführt.

Das weltliche Musikleben des 18. Jahrhunderts dominierten drei Komponisten: die Musikpublizisten Johann Mattheson, Georg Philipp Telemann (1681–1767) und Carl Philipp Emanuel Bach (1714–1788). 1721 wurde der aus Magdeburg stammende Komponist Telemann zum städtischen Musikdirektor und Kantor am Johanneum nach Hamburg berufen. Dieser galt zu seiner Zeit als bekanntester und erfolgreichster deutscher Komponist und hatte bereits zuvor durch Aufführung verschiedener seiner Opern von sich reden gemacht. Fortan hatte Telemann zu allerlei Gelegenheiten wie zu den Petri- und Mathiä-Mahlzeiten, den Jubiläen der Admiralität, der Commerzdeputation, Krönungsfeierlichkeiten im Reich oder zu Examensabschlüssen Kompositionen abzuliefern. Zudem begründete er die in Hamburg vernachlässigte Tradition des studentischen Collegium Musicum neu, mit dem er schon seit 1721 regelmäßig «Winterkonzerte» gab.

Neben der reinen kompositorischen Arbeit betätigte sich der vielseitige Telemann auch als Musikpublizist und Verfasser musiktheoretischer Arbeiten. Schließlich wurde ihm auch noch die Leitung der Hamburger Oper übertragen, für die er eigene Kompositionen schuf wie beispielsweise das außerordentlich erfolgreiche Stück «Giulio Cesare» mit 36 Aufführungen zwischen 1725 und 1737. Letztmalig trat Telemann bei den Feierlichkeiten zur Wiedereröffnung der Michaeliskirche 1762 auf, fünf Jahre vor seinem Tod. Telemanns Erbe trat nach dessen Tod Carl Philipp Emanuel Bach an, der zweite Sohn Johann Sebastian Bachs. Jener bekam allerdings schon bald ein allmähliches Nachlassen des öffentlichen Interesses an der Musik in Hamburg zu spüren, wie beispielsweise stetig sinkende Subskribentenzahlen für seine Konzerte belegen.

Nach dem Niedergang und der letztlichen Schließung der Oper – denn diese war ein Privatunternehmen und mußte Gewinne einspielen – wurde an Stelle des 1765 abgerissenen Opernhauses am Gänsemarkt ein Schauspielhaus errichtet, in dem einige Jahre lang bis 1770 – unter der Bezeichnung «Deutsches Nationaltheater» – Gotthold Ephraim Lessing (1729–1781) als Dramaturg wirkte. Hier entstand nicht nur seine Theaterzeitschrift, die «Hamburgische Dramaturgie», sondern hier wurde

auch am 30. September 1767 seine «Minna von Barnhelm» ur-
aufgeführt. Auch nach Lessings Weggang aus der Elbestadt
zeichnete sich das Schauspielhaus unter Friedrich Ludwig Schrö-
der durch ein anspruchsvolles Programm mit Dramen von Lessing, Goethe und Schiller aus.

Wie auch in anderen Städten des Alten Reiches, etablierte
sich in Hamburg ein beträchtliches gesellschaftliches Leben
außerhalb von Konzert und Theater, das den städtischen Eliten
erheblichen Aufwand bereitete. Neben den offiziellen Ereignissen, wie den bis 1724 durchgeführten Petri- und Mathiä-Mahlzeiten jeweils im Februar, waren es vor allem gesellschaftliche
Ausflüge sommers wie winters in das Hamburger Umland oder
auch aufwendige Trauerfeiern. Zudem fand alljährlich im De-
zember der Jahrmarkt (Dom) mit allerlei Verkaufsbuden und
Vergnüglichkeiten statt – anfangs auf dem Domgelände selbst
(daher seine Bezeichnung), später dann erweitert auf mehrere
benachbarte Straßen und letztlich verlegt zum Gänsemarkt,
zum Holstenwall und schließlich 1893 zum Heiligengeistfeld,
wo er heute noch große Besucherströme anzieht.

9. Patrioten an der Elbe

Am 5. Januar 1724 erschien in der Elbmetropole erstmals eine
Wochenschrift unter dem Namen «Der Patriot». «Patriot» war
nicht nur der Titel dieses Blattes, sondern gleichzeitig die Selbst-
bezeichnung des anonymen Herausgebers. Wer war dieser selbst-
erklärte Patriot? In der ersten Ausgabe der Schrift finden wir
folgende Stellungnahme:

«Ich bin ein Mensch, der zwar in Ober=Sachsen gebohren, und in Hamburg erzogen worden: der aber die gantze Welt als sein Vaterland, ja als
eine einzige Stadt, und sich selber als einen Verwandten oder Mit=Bürger
aller anderen Menschen ansieht. Es hindert mich weder Stand, noch
Geschlecht, noch Alter, daß ich nicht jedermann für meinesgleichen,
und, ohne den geringsten Unterschied, für meinen Freund halte.»[9]

Diese Gedanken des «Patrioten» fanden unter der literaten Öffentlichkeit weit über Hamburg hinaus große Beachtung und riefen sowohl Lob als auch heftigen Widerspruch hervor. Was 1724 wohl nur die wenigsten Leser ahnten, war die Tatsache, daß sich hinter dem anonymen Verfasser ein achtköpfiges Herausgeberkollegium verbarg, zu dem vorwiegend Repräsentanten der politischen und geistigen Eliten Hamburgs zählten: Ratsherren, Bürgermeister und Akademiker. Der von ihnen konstruierte fiktive Verfasser repräsentierte ein gesellschaftliches Programm, welches in den ersten Jahrzehnten des 18. Jahrhunderts im Alten Reich wohl einzigartig war. Die Hamburger Herausgeber dieser Schrift rückten damit gleichzeitig einen Begriff in das allgemeine Bewußtsein, der zwar schon vorher allenthalben in der Publizistik kursierte, der sich aber erstmals hier in Hamburg mit einer ganz spezifischen frühaufklärerischen Konnotation präsentierte: den Patriotismus.

Es waren im wesentlichen zwei kulturhistorische Dimensionen, die sich im Hamburger Patriotismus-Diskurs miteinander verbanden und sich gegenseitig ergänzten: zum einen die deutsche Sprachbewegung um von Zesen und Rist sowie zum anderen die frühaufklärerischen, hauptsächlich aus England stammenden Ideale von «common sense» und Bürgertugenden. Die frühe Rezeption dieser Gedanken in der Elbmetropole ist ein deutlicher Beleg für die engen kulturellen und ökonomischen Kontakte zwischen Hamburg und England.

Es lag sicher nicht nur an den dichten Kommunikationskanälen zwischen Themse und Elbe, daß diese Ideen ausgerechnet in Hamburg auf fruchtbaren Boden fielen. So hatte die Stadt, wie bereits dargestellt, doch im beginnenden 18. Jahrhundert einen jahrzehntelangen Konflikt zwischen Rat und Bürgerschaft, zwischen Pietisten und orthodoxen Lutheranern sowie mit dem dänischen König hinter sich. Zur Sicherung der allgemeinen Akzeptanz des Hauptrezesses und zur Schaffung einer Herrschaftslegitimation mußte es der städtischen Führungselite nach 1712 vor allem darum gehen, die zwischen den einzelnen gesellschaftlichen Gruppen aufgebrochenen Gräben wieder zu kitten, wozu die neuen zu einem «Patriotismus» amalgamierten Strömungen ein probates Mittel boten. Interessanterweise fanden sich im Rat der Stadt und auch unter den städtischen Gelehrten am Johanneum und am Akademischen Gymnasium gewichtige Stimmen, die sich selbst um die Formulierung dieses Diskurses verdient machten, während er später anderenorts im Alten Reich oft rein von Schriftstellern getragen wurde.

Dabei handelte es sich um eine Gruppe von weniger als 20 Personen. Im Zentrum standen Namen wie Michael Richey (1678–1761) und Johann Albert Fabricius (1668–1736), beide Professoren am Akademischen Gymnasium in Hamburg, und der bereits erwähnte Dichter und Ratsherr Barthold Heinrich Brockes (1680–1747). Die übrigen Vertreter waren meist Bürgermeister, Ratsherren oder Syndici der Stadt. In der Regel waren diese «Patrioten» entweder beruflich oder durch persönliche Freundschaft miteinander verbunden, so daß wir die Entstehung eines engen persönlichen Beziehungsgeflechtes voller politischer und privater Rücksichtnahmen und Verpflichtungen beobachten können. Diese Beobachtung belegt deutlich, daß ein Teil der städtischen Obrigkeit in Hamburg am internationalen intellektuellen Austausch partizipierte und offenbar auch in der Lage war, bestimmte Ideen kreativ, aber gleichwohl zweckorientiert umzusetzen.

Eine integrative Wirkung des Patriotismus-Diskurses konnte dann am ehesten erreicht werden, wenn die Inhalte möglichst breit angelegt und allgemein formuliert waren, so daß sich möglichst jeder standes- und geschlechterübergreifend damit identifizieren konnte. Eine besondere Bedeutung kam natürlich der Stadt Hamburg selbst als Reflexionspunkt zu; denn auch eine räumlich eng umgrenzte Stadt konnte nach Ansicht der Hamburger Patrioten «Vaterland» sein, nicht allein das Reich, ein Territorium oder eine bestimmte Region. So ist die bereits zitierte Wochenschrift «Der Patriot» bezeichnenderweise «Der werthen Stadt Hamburg als seinem dermaligen geliebten Vaterlande» gewidmet.[10] Die Herausgeber des «Patrioten» gründeten im Jahre 1723 eine «Patriotische Gesellschaft» – nicht zu verwechseln mit der gleichnamigen, 1765 gegründeten Vereinigung. Über die Treffen und die Binnenstruktur dieser ersten «Patriotischen Gesellschaft» besitzen wir kaum Informationen. In der Regel traf man sich einmal wöchentlich zu patriotischem Gedankenaustausch.

Das erste Hamburger patriotische Wirken dauerte etwa zwei Jahrzehnte lang; in den 1740er Jahren wurde es allmählich stiller hierum. Die Gruppe der Hamburger «Patrioten» scheint in dieser Zeit schlichtweg ausgestorben zu sein, da Nachwuchs fehlte. Überhaupt wurden frühaufklärerische patriotische Gedanken um die Mitte des 18. Jahrhunderts unpopulär. So läßt sich beispielsweise anhand der Hamburger Schulordnungen feststellen, daß in der städtischen Schulpolitik um 1760 kaum mehr patriotisch motiviertes Gedankengut in Umlauf war, wie es sich noch in den Schulordnungen der 1730er Jahre geäußert hatte. Der einstmals liberale Religionsunterricht war einer sich verschärfenden Verhärtung der theologischen Fronten zur Zeit Melcheor Goezes zum Opfer gefallen. Auch die städtische Armenpolitik, vordem eine Bastion der Hamburger «Patrioten», war im Sande verlaufen. Ein in den 1720er Jahren gegründetes Arbeitshaus entwickelte sich zu einem Fehlschlag; und 1752 wußte der Hamburger Rat auf die um sich greifende Armut keine bessere Antwort mehr, als vermeintlich Arbeitsscheue nach Nova Scotia zu deportieren, was erklärlicherweise dann aber doch nicht realisiert wurde.

Eine bedeutende Zäsur der Hamburgischen Geschichte, die schließlich zu einer Wiederbelebung patriotisch-aufklärerischen Gedankengutes führte, stellte der Siebenjährige Krieg dar. Während die Elbmetropole in den Kriegsjahren selbst in vielfacher Weise von den militärischen Auseinandersetzungen profitiert hatte, litt die Stadt um so stärker unter der Nachkriegskrise nach 1763. So räsoniert Johann Georg Büsch in seinem «Versuch einer Geschichte der Hamburgischen Handlung» aus dem Jahre 1797: «So war dann freilich diese Periode von 1763 bis 1788 eine der schlechtesten für den Wohlstand Hamburgs».[11] Entsprechend nahm auch die Frage nach dem ökonomischen Erfolg in der öffentlichen Diskussion nach 1763 eine deutlich wichtigere Rolle ein als zuvor, worauf sich letztlich auch die Inhalte des wiederbelebten Patriotismus-Diskurses ausrichteten.

Während es in der Frühphase der 1720er Jahre vor dem Hintergrund der jahrzehntelangen inneren Unruhen um gesellschaftliche Integration ging, wandelten sich die Prioritäten nun in Anbetracht der wirtschaftlichen Krise zugunsten rein ökonomischer Aspekte.

Diese neuen Inhalte des Patriotismus-Begriffes spiegeln sich am deutlichsten in der Gründung der heute noch bestehenden «Hamburgischen Gesellschaft zur Beförderung der Künste und nützlichen Gewerbe» – kurz: der «Patriotischen Gesellschaft» – im Jahre 1765 wider. Als willkommener Gründungsanlaß wurde symbolträchtig der einhundertste Jahrestag der Gründung der Hamburger Commerzdeputation gewählt. Eine Namensgleichheit im landläufigen Sprachgebrauch deutet darauf hin, daß die erste «Patriotische Gesellschaft» immer noch einen festen Bestandteil lokaler Erinnerungskultur bildete, obwohl inhaltlich nun andere Prioritäten gesetzt wurden. Die Initiative zur Gründung einer derartigen Gesellschaft ging vor allem vom Juristen Johann Ulrich Pauli (1727–1794) aus, der 1765 eine Schrift unter dem Titel «An alle wahre Patrioten Hamburgs gerichtete Ermahnung, zur Aufrichtung einer ähnlichen patriotischen Gesellschaft, zur Aufnahme der Handlung, der Künste, der Manufacturen und des Ackerbaues, wie die zu London und Paris ist» herausgab. Als Vorbild sollten also die in England und Frankreich gegründeten gemeinnützigen Gesellschaften fungieren.

Zum Gründungskreis der Hamburger Gesellschaft zählten neben Pauli der Schriftsteller Hermann Samuel Reimarus (1694–1728), Ernst Georg Sonnin sowie der Mathematiker und Ökonom Johann Georg Büsch. Büsch war seit 1756 Professor der Mathematik am Akademischen Gymnasium in Hamburg. Auf ausgedehnten Reisen durch das Alte Reich, England, die Niederlande, Dänemark und Schweden hatte er sich mit Handel und Geldwesen sowie mit Wirtschaftsabläufen allgemein beschäftigt, was er in die neugegründete «Patriotische Gesellschaft» einbrachte.

Büsch betonte immer wieder den Zusammenhang zwischen der Entwicklung des städtischen Gewerbes, der Bevölkerungszahl und dem allgemeinen Wohlstand. Städtische Armut wurde auf einen Rückgang der Gewerbeproduktion und den Anstieg der

Bevölkerung zurückgeführt, wie er in seinen «Erfahrungen» schildert: «In meiner Jugendzeit war Hamburg noch eine grosse Manufakturstadt, und nährte doch weniger Menschen als jetzt. Aber diese wenigen nährten sich besser. Man sahe wenig Bettler und hörte nicht von so bitterm Jammer und Elend, als von welchem ich in spätern Zeiten so oft Zeuge gewesen bin.»[12] Die Armut wurde von Büsch nicht allein als soziales, sondern auch als ästhetisches Problem begriffen; so führt er weiter an: «Nicht nur die Gassen unserer Stadt, sondern weit mehr die schönen Promenaden um dieselbe waren von Bettlern so angefüllt, und deren Ungestüm so unausstehlich, daß alle Annehmlichkeit derselben wegfiel.»[13] Die Armenpolitik sowie der Ausbau des städtischen Waisenhauses sollten sich denn auch in der Folgezeit zu einem zentralen Arbeitsfeld der «Patriotischen Gesellschaft» entwickeln.

Neben dem aktiven Leben in den patriotischen Gesellschaften gründete sich 1737 in Hamburg die erste Freimaurerloge im Alten Reich, die seit 1740 die Bezeichnung «Absalom zu den drei Nesseln» trug und der seit 1738 auch der preußische Kronprinz Friedrich – der spätere Friedrich der Große – angehörte. Neben derartigen institutionalisierten Gesellschaften – darunter auch die Hamburger Lesezirkel – bildeten die in regelmäßigen Abständen durchgeführten privaten Treffen und Abendgesellschaften bei Hamburger Kaufleuten, Ärzten und Gelehrten einen elementaren Bestandteil des aufklärerischen Lebens der Elbmetropole in der zweiten Hälfte des 18. Jahrhunderts.

10. Hamburg als Weltstadt

Das 19. Jahrhundert brachte für Hamburg den entscheidenden Entwicklungsschub zur modernen Industrie- und Handelsmetropole und zur Großstadt mit mehr als einer halben Million Einwohnern. Zunächst galt es jedoch, die politischen und gesellschaftlichen Unwägbarkeiten der Revolutionszeit und der

Napoleonischen Kriege zu überwinden. Der Ausbruch der Französischen Revolution machte sich auch in Hamburg bemerkbar. So sympathisierten sogar Angehörige der städtischen Eliten wie Georg Heinrich Sieveking und Caspar Voght anfänglich mit den Revolutionsereignissen. In einigen neugegründeten Hamburger Gesellschaften wurde eifrig über revolutionäres Gedankengut diskutiert, so in der 1792 gegründeten «Lesegesellschaft» oder in der Freimaurerloge «Einigkeit und Toleranz», deren Mitglieder zu Beginn der 1790er Jahre revolutionäre Ideen goutierten. Nur ein kurzes Leben fristete allerdings der Jakobinerclub «echter Republikaner» im benachbarten Altona. In derselben Zeit erlebten Hamburg und Altona einen regelrechten Gründungsboom jakobinisch gesinnter Zeitschriften, die in der Regel rasch auf Druck Preußens, Österreichs oder Englands wieder verboten wurden, aber dennoch (oder gerade deshalb) eine erstaunliche Breitenwirkung erfuhren. Von weit größerer Nachhaltigkeit war die 1792 vom einstigen preußischen Hauptmann Wilhelm von Archenholtz gegründete Zeitschrift «Minerva».

Allmählich trafen Revolutionsflüchtlinge in der Elbmetropole mit ihren engen Handelskontakten nach Frankreich ein – anfänglich Adlige, seit 1792 mit dem Beginn von Robespierres Herrschaft in zunehmendem Maße auch Bürgerliche. Insgesamt sollen um die 10 000 Flüchtlinge Hamburg und das benachbarte Altona erreicht haben, die dort mit der Brutalisierung der revolutionären Ereignisse in Frankreich immer bereitwilliger aufgenommen wurden. Dieser Flüchtlingsstrom führte zu einer Bereicherung des gesellschaftlichen Lebens in der Stadt, was sich beispielsweise an der Eröffnung eines französischen Theaters zeigte. Zudem trugen französische Emigranten zur Verfeinerung der Hamburger Kochkunst bei – wovon die Gründung der Restaurants von Rainville und Jacob durch französische Revolutionsflüchtlinge zeugt.

Problematischer als die Kochkunst gestaltete sich in dieser Zeit die Entwicklung der Malerei. Um 1800 – in einer Zeit, als die Napoleonischen Kriege eine künstlerische Existenz zunichte machen konnten – wirkte der aus dem pommerschen Wolgast stammende Philipp Otto Runge (1777–1810) in Hamburg. Als kaufmännischer Lehrling nach Hamburg gekommen, fand er zu künstlerisch interessierten Kreisen Zutritt, was ihm sein Studium an der Kopenhagener Kunstakademie ermöglichte. Nach der Rückkehr nach Hamburg blieben ihm bis zu seinem frühen Tod nur noch wenige Jahre für sein Schaffen (beispielsweise das Gemälde «Die Hülsenbeckschen Kinder»), welches gemeinsam mit seinen Schriften einen wichtigen Beitrag zur kunsttheoretischen Untermauerung der deutschen Romantik leistete.

Mit dem Ausbruch des Ersten Koalitionskrieges zwischen Frankreich und Österreich/Preußen 1792 wurde Hamburgs Neutralitätspolitik auf eine harte Probe gestellt, zumal aus diesem Krieg rasch ein Reichskrieg wurde und Hamburg als Reichsstadt zur Parteinahme sowie zur Ausweisung des französischen Gesandten aus der Stadt verpflichtet wurde. Zudem besetzten Hannoveraner Truppen 1795 das zu Hamburg gehörende Amt Ritzebüttel.

Eine weitere außenpolitische Drohwolke zog herauf, als 1798 der irische Freiheitskämpfer Napper Tandy mit einigen Gefolgsleuten in Hamburg Zuflucht fand. Während Frankreich die Nichtauslieferung des Iren durchzusetzen trachtete, übte Großbritannien gemeinsam mit Rußland erheblichen Druck auf die Stadt aus – bis hin zur Beschlagnahmung Hamburger Schiffe. Nach der auf diese Weise erzwungenen Auslieferung des Iren verhängte wiederum Frankreich für einige Zeit ein Handelsembargo über Hamburg. Es sollte noch schlimmer kommen, als die mit Frankreich verbündeten Dänen 1801 für zwei Monate erreichten, was ihnen zuvor jahrhundertelang verwehrt geblieben war: die Besetzung der Elbmetropole, um einem möglichen wachsenden Einfluß Großbritanniens im Niederelberaum zuvorzukommen.

Schrittweise wurde Hamburg in der Folgezeit in die Napoleonischen Kriege hineingezogen. Nach dem Wiederaufflammen des Krieges zwischen Großbritannien und Frankreich besetzten die Franzosen Hannover, um die Kontrolle der Elb- und Wesermündung zu erlangen. Schließlich folgte 1806 nach der Auflösung des Alten Reiches die Besetzung Hamburgs durch den französischen Marschall Mortier, was der Neutralitätspolitik der Stadt ein Ende setzte. Nur zwei Tage nach dieser Besetzung folgte die Verkündung der Kontinentalsperre, die auch Hamburg vom traditionsreichen und einträglichen Handel mit Großbritannien abschnürte. 1810 wurde Hamburg schließlich wie weite Teile des übrigen Norddeutschland in das französische Kaiserreich integriert. Die Hamburger konnten als Untertanen des Franzosenkaisers in die französische Armee eingezogen werden, beispielsweise für Napoleons Rußlandfeldzug, von dem nur die wenigsten zurückkehrten.

Mit der Niederlage der Franzosen in Rußland schwand auch der Einfluß des zahlenmäßig ohnehin immer schwächer werdenden Militärs und der französischen Zollbeamten, was einen wachsenden illegalen Warenverkehr zwischen Hamburg und Altona begünstigte. Als französische Zöllner am 24. Februar 1813 mit Waffengewalt dagegen einschritten, kam es zu einem Aufstand aufgebrachter Hamburger, der allerdings von den Franzosen mit Hilfe herbeigerufener verbündeter dänischer Truppen niedergeschlagen werden konnte. Nach einem überstürzten Abzug der Franzosen betraten im März desselben Jahres russische Soldaten unter dem korrupten Friedrich Karl von Tettenborn die Stadt. Am 30. Mai besetzten erneut französische Truppen unter Marschall Davout Hamburg, verlangten hohe Kontributionszahlungen und beschlagnahmten – da diese nicht ohne weiteres aufgebracht werden konnten – die Silberbestände der Hamburger Bank. Davout ließ Hamburg unter Zwangsverpflichtung der einheimischen Bevölkerung zu einer Festung ausbauen und zahlreiche Menschen, die sich nicht auf sechs Monate bevorraten konnten, der Stadt verweisen. Viele der Flüchtlinge fanden im benachbarten Altona Aufnahme, viele verhungerten aber auch im kalten Kriegswinter 1813/1814. Die Verteidigungsmaßnahmen schützten Hamburg vor einer erneuten Besetzung durch die alliierten Truppen; allein der Sturz Napoleons beendete die französische Herrschaft in der Stadt.

Da die Nachbarstadt Altona zum mit Frankreich verbündeten dänischen Gesamtstaat gehörte, blieb sie von einer Besetzung durch französische Truppen verschont, nicht jedoch von einer Okkupation durch die Russen 1813. Durch die geschickte Diplomatie des schleswig-holsteinischen Oberpräsidenten Conrad Daniel von Blücher konnte aber auch während der russischen Besatzung das Schlimmste verhindert werden.

Die ökonomische und soziale Krise infolge der Napoleonischen Kriege führte zu einem dramatischen Bevölkerungseinbruch in Hamburg. Lebten im Jahre 1800 um die 130 000 Menschen in der Stadt, so waren es vierzehn Jahre später nur noch 100 000. Bis 1820 wuchs die Zahl dann aber wieder rasch auf 125 000, bedingt auch durch die Rückkehr von Kriegsflüchtlingen und Vertriebenen.

Revolutionszeit und Napoleonische Kriege verlangsamten die städtebauliche Entwicklung Hamburgs vorübergehend. So verzeichneten die Jahre unmittelbar nach 1800 keine herausragenden Neubauten, abgesehen von einer neuen Börsenhalle, einem Anbau des Pesthofes (der nun Krankenhof genannt wurde) und der Errichtung eines Logenhauses für die Hamburger Freimaurer. Das Stadtbild veränderte sich indes durch den Abbruch des baufälligen Doms (1804–1807) entscheidend, nachdem das Hamburger Domkapitel 1803 infolge des Reichsdeputationshauptschlusses der Stadt anheim gefallen war. Auch die Franziskanerkirche St. Maria Magdalenen wurde im Jahre 1807 abgebrochen.

Erst seit den 1820er Jahren veränderte sich Hamburg wieder, unter anderem durch die Gründung des Botanischen Gartens. So wurden die in der Franzosenzeit wiedererrichteten Befestigungsanlagen mit der Ausnahme einer Bastion am Stintfang, die fortan als Aussichtsplattform diente, geschleift und in Grünanlagen umgewandelt. Die größeren Ausfallstraßen wurden zu Chausseen ausgebaut, und durch Aufschüttung entstand der Neue Jungfernstieg. Aufschüttungen wurden ebenso im niedriger gelegenen Land in der Hafengegend vorgenommen (Grasbrook).

Wesentlich dramatischere Folgen für die Entwicklung Hamburgs zeitigte aber erst der große Stadtbrand von 1842, der das Zentrum des alten Hamburg in weiten Teilen zerstörte. So brach am 5. Mai 1842 um ein Uhr nachts in der Deichstraße ein Feuer aus, das trotz sofort eingeleiteter Löscharbeiten rasch außer

Kontrolle geriet und sich, von einem heftigen Südwind und der trockenen Witterung begünstigt, in Richtung Norden ausbreitete. Aus Furcht vor Regreßansprüchen der Besitzer scheute die Stadt vor der Sprengung von Häuserzeilen zurück, die eine Ausbreitung des Feuers anfangs möglicherweise noch verhindert hätten. Als mit einzelnen Sprengungen begonnen wurde – so wurde am 6. Mai auch das Rathaus in die Luft gejagt – war es schon zu spät. Durch die Sprengung des Rathauses und den anschließenden Brand wurden wertvolle Akten des Stadtarchivs vernichtet, deren Verlust die Historiker bis heute schmerzhaft spüren. Die Flammen breiteten sich trotz der Hilfe von Feuerwehren umliegender Städte (auch aus Lübeck und Lauenburg) ungehindert am Ostufer der Binnenalster aus und wandten sich weiter in Richtung Westen über den Neuen Wall hinaus. Begleitet wurde das Feuer von zahllosen Plünderungen. Erst am 8. Mai erlosch der letzte Brand (heutige Straßenbezeichnung «Brandsende»).

Etwa 70000 Menschen mußten vor dem Feuer fliehen, und 20000 wurden obdachlos. Den Flammen fielen neben 1100 Wohngebäuden und 102 Speichern unter anderem auch Nikolaikirche und Petrikirche zum Opfer. Allein die ganz vom Feuer eingeschlossene Börse mit ihrer Commerzbibliothek konnte durch den beherzten Einsatz einer Gruppe Eingeschlossener gerettet werden. Weite Teile der Innenstadt waren verwüstet. Durch den anschließenden Konkurs der Hamburger Brand-Versicherungsassociation waren viele Schäden nicht gedeckt. Eine beispiellose Spendenaktion, bei der Gelder aus der ganzen Welt nach Hamburg strömten, half aber, die schlimmste Not zu lindern. Von den nach dem Brand von 1842 errichteten Neubauten haben sich drei Bauwerke des herausragenden Architekten Alexis de Chateauneuf erhalten: die Alsterarkaden (1844), die wiedererbaute Petrikirche (1844–49) und die Alte Post (1846).

In den Wirren des großen Stadtbrandes ging ein bedeutendes Ereignis beinahe gänzlich unter: der Anschluß Hamburgs an die Eisenbahn. So wurde seit 1840 trotz des teilweise heftigen Widerstandes der örtlichen Bevölkerung an einer ersten Eisenbahnlinie zwischen Hamburg und dem 16 Kilometer entfernten Bergedorf gearbeitet. Gleise und Lokomotiven stammten ebenso aus England wie der leitende Ingenieur Lindsey, der die Arbeiten koordinierte. Zur Schaffung einer ebenen Trasse wurden die Festungsbastion Bartholdus in der Nähe des heutigen Deichtormarktes ebenso wie eine im Wege stehende Windmühle eingeebnet. Zudem mußten fünf Brücken und zwölf manuell zu betätigende Schranken – die sogenannten Wegpforten – errichtet werden. Die Eröffnung der Bergedorfer Bahn war für den 7. Mai 1842 vorgesehen. Da Hamburg an diesem Tag schon zwei Tage lang in Flammen gestanden hatte, mußten die ersten vier Lokomotiven allerdings statt einer Festgesellschaft als erste Aufgabe flüchtende Hamburger aus der brennenden Stadt transportieren, während die offizielle Inbetriebnahme um einige Tage verschoben wurde. Dieser Eisenbahnbau legte den Grundstein für den sukzessiven Anschluß der Elbmetropole an das entstehende deutsche Eisenbahnnetz.

Die 1840er Jahre waren nicht nur die Zeit des architektonischen Wiederaufbaus der durch den Brand zerstörten Stadt, sondern auch der wachsenden Politisierung der Hamburger Öffentlichkeit. Ebenso wie in den übrigen Territorien des Deutschen Bundes wurde auch in Hamburg die Verfassungsfrage in dieser Zeit immer aktueller. Gerade in der Elbmetropole hatte zudem der große Stadtbrand in vielerlei Hinsicht die Unzulänglichkeit städtischer Herrschafts- und Verwaltungsstrukturen deutlich gemacht. Zu Unruhen kam es im Zuge der 1848er-Revolution in Hamburg dennoch kaum. Am 9. Juni 1848 stürmte eine aufgebrachte Menge das Steintor und setzte es in Brand. Relativ rasch gelang es aber dem Bürgermilitär, die Menge zu beruhigen und das Feuer zu löschen. Auch wenn dieser Aufruhr glimpflich ausging, führte er der städtischen Obrigkeit vor dem Hintergrund der revolutionären Ereignisse in anderen Teilen Deutschlands gleichwohl die Verfassungsproblematik deutlich vor Augen.

In der Folgezeit wurden von jeweils unterschiedlichen politischen Interessengruppen zwei Verfassungsmodelle diskutiert – ein Modell in Anlehnung an die Bundesverfassung von 1848 und ein damit konkurrierendes konservatives Verfassungsmodell, welches sich an preußischen Vorstellungen orientierte. Der Rat ließ zunächst im Herbst 1848 allgemeine Wahlen zur Bildung einer Hamburger verfassungsgebenden Versammlung abhalten, bei der im Gegensatz zu früher ein beträchtlicher Teil der Bevölkerung wahlberechtigt war. Die am 11. Juli 1849 verabschiedete fortschrittliche «Verfassung des Freistaates Hamburg», die eine Abschaffung der erbgesessenen Bürgerschaft vorsah, trat aber auf Druck von Rat und Bürgerschaft schließlich doch nicht in Kraft. Statt dessen ließ der Rat ein zweites Verfassungsmodell ausarbeiten, welches zwar nicht in gleichem Maße die politische Partizipation breiter Bevölkerungskreise vorsah, aber dennoch viele Relikte mittelalterlicher und frühmoderner Verfassungswirklichkeit beseitigte. So wurde mit dieser im Jahre 1860 in Kraft tretenden Verfassung die traditionelle Überschneidung kirchlicher und staatlicher Gremien aufgehoben und Glaubens- und Gewissensfreiheit (auch für Katholiken und Juden) eingeführt. Allerdings blieb weiterhin der größte Teil der Hamburger Bevölkerung, darunter auch die Frauen, von der politischen Mitbestimmung ausgeschlossen.

In der zweiten Hälfte des 19. Jahrhunderts wurde Hamburg schrittweise in das sich herausbildende Deutsche Reich integriert. Nationalismus und kleindeutsches Ideengut artikulierten sich auch an der Elbe früh, wie beispielsweise während der ausgiebigen Feierlichkeiten anläßlich Friedrich Schillers einhundertstem Geburtstag 1859. Durch den deutsch-dänischen und den österreichisch-preußischen Krieg fiel das ehemals in Personalunion mit Dänemark regierte Schleswig-Holstein an Preußen. Auch die umliegenden holsteinischen Orte wie Wandsbek oder Altona wurden nun preußisch, und Hamburg wurde gezwungen, sich politisch an Preußen zu orientieren, um auf Dauer einen Konflikt mit dem neuen übermächtigen Nachbarn zu verhindern. Das wachsende politische und militärische Übergewicht Preußens führte schließlich den Beitritt der Elbmetropole in den Norddeutschen Bund 1867 sowie in das neugegründete Deutsche Reich vier Jahre später herbei. Während Hamburg traditionell eher auf außenpolitische Unabhängigkeit bedacht

war, entwickelte sich ein Großteil der Hamburger Kaufmannschaft vor allem seit dem Herrschaftsantritt Kaiser Wilhelms II.
zu einer wichtigen Stütze der deutschen Kolonial- und Flotten-
politik, die aus einem neuen Machtbewußtsein und Weltgeltungs-
drang entsprangen.

Das 19. Jahrhundert brachte aber nicht nur einen politischen
Wandel mit sich, sondern gleichzeitig auch tiefgreifende soziale
Veränderungen und Verwerfungen. So zog schon in der ersten
Hälfte des Jahrhunderts die wachsende Gewerbeproduktion in
Hamburg in immer größerem Umfange Handwerksgesellen von
außerhalb an. Diese unterlagen einer strengen Überwachung
durch die Obrigkeit und mußten – hatten sie nicht innerhalb
weniger Tage Arbeit gefunden – Hamburg umgehend wieder
verlassen. Auch Versammlungen waren ihnen verboten. Echte
soziale Aufstiegschancen hatten nur die wenigsten.

Ein Großteil der arbeitenden Bevölkerung lebte trotz langer
Arbeitszeiten von vierzehn bis sechzehn Stunden täglich bei
niedrigen Löhnen in wirtschaftlicher Not. Diese verschärfte sich
in der ersten Hälfte des 19. Jahrhunderts durch eine stete Preis-
steigerung bei Grundnahrungsmitteln, die sich zusätzlich durch
hohe Verbrauchssteuern verteuerten. Da der Stadtbrand von
1842 einen Großteil der Wohnungen vernichtet hatte, kam es in
der Folgezeit zudem zu beträchtlichen Mietsteigerungen. Die
Wohnverhältnisse der meisten Arbeiter waren unwürdig, denn
viele von ihnen lebten in engsten räumlichen Verhältnissen in
den Gängevierteln der Hamburger Neustadt – in engen Gassen
mit dicht aneinandergedrängten, oft heruntergekommenen Fach-
werkhäusern, deren Zimmergröße und sanitäre Ausstattung in
der Regel jeder Beschreibung spotteten und die sich zu einem
Herd für allerlei Krankheiten entwickeln konnten.

Die drückenden sozialen Verhältnisse führten im Laufe der
Zeit zu Widerspruch der betroffenen Menschen. Erste Formen
des Widerstandes arbeitender Bevölkerungsgruppen gegen die
Arbeitgeber formierten sich in Kreisen der Handwerksgesellen,
die schon früh Kranken- und Sterbekassen sowie zahlreiche
überregionale Vereine gegründet hatten. Die Gesellen konnten
ihren Widerspruch gegen physische Ausbeutung durch die Mei-

ster und schlechte Bezahlung am wirkungsvollsten damit durchsetzen, daß sie sich kollektiv weigerten, bei bestimmten Meistern
um Arbeit nachzusuchen. Nur durch Strafgelder konnten sich
diese dann von dem Arbeitsboykott wieder befreien. Es folgten 1845 die Gründung einer zahlenmäßig schnell wachsenden
Bildungsgenossenschaft, aber auch die Gründung mehrerer Ar-
beiterberufsverbände, die sich nicht nur um spezifische Belange
ihrer Mitglieder (Arbeitszeit, Arbeitslosigkeit, Lebensmittelpreise) kümmerten, sondern auch für politische Partizipations-
rechte kämpften. Konkrete Forderungen nach Mindestlöhnen
und Höchstarbeitszeit setzten beispielsweise Bäckergesellen und
Buchdrucker im Jahre 1848 durch.

Unter dem Eindruck der neuen kommunistischen und soziali-
stischen Ideen – Karl Marx selbst hatte sich 1845 und 1849 in
Hamburg aufgehalten und war mit den lokalen Gegebenheiten
bestens vertraut – organisierte sich die Arbeiterschaft seit den
1860er Jahren weit über die reinen Gesellenkreise hinaus. Mit
der Gründung der Allgemeinen Arbeiterunterstützungskasse
stand den Arbeitern bald auch eine finanzielle Basis für die sich
anbahnenden Konflikte zur Verfügung, denn auch in Hamburg
wurde wie in vielen Teilen Deutschlands 1865 gestreikt. Den
Arbeitern und Angestellten zahlreicher Gewerke gelang es auf
dieser Grundlage, durch zwei große Streikwellen höhere Tarif-
löhne und Arbeitszeitverkürzungen durchzusetzen.

Viele Errungenschaften wurden aber infolge der allgemeinen
Wirtschaftskrise des darauffolgenden Jahres mit einhergehen-
der Massenarbeitslosigkeit von den Arbeitgebern wieder zurückgenommen. Um derartige Rückschläge durch eine bessere Organisation der Arbeiterschaft zukünftig verhindern zu können,
gründeten sich in Hamburg erste Gewerkschaften («Arbeiter-
schaften»), etwa die der Holz- und Metallarbeiter und der
Maler.

Eine echte Gewerbefreiheit wurde in Hamburg mit der Aufhebung der Ämter erst 1865 geschaffen. Daraufhin organisierte
sich die städtische Arbeiterschaft verstärkt in den Gewerkschaften, die vor allem im Laufe der ökonomischen Rezession
seit 1873 an Bedeutung gewannen. Durch das Bismarcksche

Sozialistengesetz von 1878 wurden die Organisationen der Arbeiterschaft aber auch in Hamburg wieder stark in ihrer Arbeit eingeschränkt, schließlich ganz verboten und in den Untergrund gedrängt, wo sie sich in kleineren Zirkeln reorganisierten. Erst 1890 gelang mit dem Fall des Sozialistengesetzes erneut eine Institutionalisierung des Gewerkschaftslebens. Hamburg avancierte in der Folgezeit zum Zentrum gewerkschaftlicher Aktivitäten im Deutschen Reich, zumal auch der Dachverband, die «Generalkommission der Gewerkschaften Deutschlands», unter Carl Legien seinen Sitz in Hamburg nahm. Zu einer Radikalisierung der gewerkschaftlichen Forderungen kam es mit dem Hafenarbeiterstreik zwischen November 1896 und Februar 1897, der erstmals größere Ausschreitungen mit sich brachte. Auch wenn die Stadt letztlich ihr Gewaltmonopol durchsetzte, brachte die Folgezeit bei einigen Gewerken doch Lohnerhöhungen und reguläre Tarifverträge mit sich. Die Gewerkschaften erlebten nach dieser Auseinandersetzung einen großen Zulauf und gingen insgesamt gestärkt aus der Konfrontation hervor.

Trotz dieser Errungenschaften nahm die städtebauliche Entwicklung in der Kaiserzeit kaum auf die Bedürfnisse der Arbeiter Rücksicht. Allein im Zuge der Errichtung des Freihafens (s. u.) mußten mehrere zehntausend Menschen ihre Wohnungen verlassen und in die unaufhörlich wachsenden Vororte wie Barmbek oder Hammerbrook umziehen. Andere Einwohner verloren durch Straßen- und Eisenbahnbau wie auch durch Gewerbeansiedlung ihre bisherigen Wohnungen. Oftmals dominierte bei der Neuerrichtung von Arbeitersiedlungen im ausgehenden 19. Jahrhundert allein Gewinnstreben die architektonische Entwicklung der Stadt.

Erst unter dem maßgeblichen Einfluß des seit 1909 amtierenden Oberbaudirektors Fritz Schumacher (1869–1947) erhielt die Stadtplanung ein menschlicheres Antlitz. Mit seinen programmatischen Ideen zur Stadtentwicklung und der Bevorzugung des Backsteins als Baumaterial setzte er gewichtige Akzente, die bis heute nachwirken. Vor allem ging es Schumacher um die Schaffung von mehr Grünanlagen um die Arbeitersiedlungen, die Beschränkung der Geschoßanzahl auf höchstens fünf Stockwerke sowie darum, die Gebäudetiefen zu verringern, um den Mietwohnungen mehr Licht und Luft zu verschaffen. Vorbildlich umgesetzt wurden seine Ideen schließlich zwischen 1919 und 1931 in Barmbek-Süd auf dem Dulsberggelände mit Sport- und Spielplätzen, Hausgärten und Geschäftszeilen.

Trotz der wachsenden Bedeutung der Arbeiterschaft war das politische Leben der Kaiserzeit weiterhin von den durch die Großkaufleute geprägten städtischen Eliten und dem Bürgertum dominiert. Beide gesellschaftlichen Gruppen beanspruchten auch nach 1871 zwei Drittel der Sitze in der Hamburgischen Bürgerschaft. Dennoch lehnten sich die städtischen Eliten trotz einer konservativen politischen Grundhaltung politisch nicht an die preußischen Konservativen an – die eine Schutzzollpolitik zugunsten der Landwirtschaft, aber auf Kosten des Freihandels propagierten –, sondern sympathisierten eher mit den Nationalliberalen im Reich.

Die Interessen des Bürgertums wurden am nachdrücklichsten in den Hamburger Bürgervereinen artikuliert, deren Mitgliedschaft an das Bürgerrecht gebunden war und somit einen erheblichen Teil der Einwohnerschaft ausschloß. Diese setzten sich oftmals für das Wohl der ganzen Stadt, insbesondere für ein verbessertes Schul-, Kranken- und Hygienewesen ein, entwickelten sich aber auch zu Keimzellen eines überhöhten Nationalismus und Antisemitismus. Weit über das vergleichsweise enge Betätigungsfeld der Bürgervereine hinaus erstreckte sich die Arbeit der gemeinnützigen Vereine, die zwar auch vom Bürgertum getragen wurden, sich inhaltlich aber teilweise an die Sozialdemokratie und Gewerkschaften anlehnten und sich für eine Verbesserung der Lebensbedingungen der Arbeiterschaft einsetzten, so vor allem die 1905 gegründete Gesellschaft «Volksheim».

Während ein erheblicher Teil der Hamburger Bevölkerung im ausgehenden 19. Jahrhundert an den Reichstagswahlen teilnehmen konnte, blieb das Recht auf Teilnahme an den Wahlen zur Hamburger Bürgerschaft weiterhin auf eine kleine Minderheit beschränkt. Immerhin erhöhte sich der Anteil der zur Bürgerschaft Wahlberechtigten an der Gesamtbevölkerung durch Ände-

rungen des Wahlrechts zwischen 1893/94 und 1903/04 von
3,5% auf 5,2%. Während die SPD vor der Jahrhundertwende
in der Elbmetropole daher praktisch keine Rolle spielte, verfügte sie nach den Wahlen von 1904 bereits über 13 Sitze in der
Bürgerschaft. Bei den Reichstagswahlen im Jahr zuvor hatten
allerdings schon 62 % der Wähler für die Sozialdemokraten ge-
stimmt.

Die zweite Hälfte des 19. Jahrhunderts war nicht nur eine
Epoche wachsender gesellschaftlicher Polarisierung, sondern
auch die Zeit eines allerdings nicht gradlinigen ökonomischen
Wachstums. Der Anschluß Hamburgs an das deutsche Eisenbahnnetz verband den deutschen Binnenhandel mit dem
Hamburger Überseehandel noch stärker als zuvor. Seit den
1850er Jahren erschlossen die Hamburger Reedereien immer
mehr Märkte in Übersee, wie etwa in Australien und auf den
Pazifikinseln. Diese Entwicklung begünstigte den weiteren
Ausbau der eigenen Handelsflotte (1848: 257 Schiffe; 1859:
483 Schiffe). Die Schiffe wurden dabei nicht nur zahlreicher,
sondern auch immer größer. In steigendem Umfange konnte die
Stadt dabei auch eigene Gewerbeprodukte exportieren. Mit
dem Ausbau des Überseehandels ging gleichfalls ein Anstieg des
Auswandererverkehrs nach Amerika über die Elbmetropole einher. Für ihre unbeschreiblich schlechten hygienischen Zustände
waren vor allem die Schiffe der Reederei Sloman berüchtigt.

Zu einer ernsten Wirtschaftskrise kam es 1857 nach dem unerwartet schnellen Ende des Krimkrieges, da viele Hamburger
Kaufleute auf allzu großen Warenvorräten sitzenblieben. Besonders schwer wog die Tatsache, daß viele Hamburger Bank- und
Handelshäuser durch die gleichzeitige Wirtschaftskrise in den
USA und Großbritannien, mit denen Hamburg durch seine vielfältigen Kreditgeschäfte eng verbunden war, in Mitleidenschaft
gezogen wurden. Trotz zahlreicher Konkurse hauptsächlich
kleinerer Unternehmer gelang es der Elbmetropole aber, sich
mit Hilfe umfangreicher österreichischer Anleihen rasch wieder
von der Krise zu erholen.

Seit der Reichsgründung profitierte Hamburg – abgesehen
von einem kurzzeitigen Einbruch um 1873 – vom allgemeinen

ökonomischen Aufbruch der Kaiserzeit. Im Mittelpunkt des wirtschaftlichen Aufstiegs zur weltweit größten Handelsmetropole stand das Anwachsen des Seehandels. Im Jahre 1881 rang Hamburg dem Deutschen Reich die Zubilligung eines Freihafens von zehn Quadratkilometern des Hafengebietes ab, in dem für zwischengelagerte Waren keine Zölle zu entrichten waren – eine unglaubliche Erleichterung und Verbilligung des Transithandels. Auf dieser Grundlage stieg der Hafen zu einem der weltweit führenden Umschlagplätze für Orientteppiche, Tee, Kaffee, Tabak und Gewürze auf – und hat diese Position bis heute bewahrt. Zur Zwischenlagerung dieser Güter entstand zwischen 1885 und 1912 auf zwei Elbinseln nach der Umsiedlung von 20 000 Menschen die Speicherstadt mit 305 000 Quadratmetern Nutzfläche in ihrer charakteristischen Backsteinarchitektur, die 1991 unter Denkmalschutz gestellt wurde. Ein weiterer Anstieg des Warenumschlages in der Folgezeit äußerte sich nicht allein in der steten Erweiterung des Freihafens (von 426 Hektar im Jahre 1881 auf fast 1000 Hektar 1910), sondern auch in der Tatsache, daß Hamburg seine Handelsflotte weiter vergrößerte und nicht mehr wie zuvor einen Großteil des Seehandels den Schiffen anderer Nationen überließ. Zu den bedeutendsten Reedereien entwickelten sich die Hamburg-Amerikanische Paketfahrt-Aktiengesellschaft (HAPAG), Solomon und Godefroy, Hamburg-Süd, Woermann und die Deutsche Ostafrika-Linie.

Auch die industrielle Produktion erlebte in den Jahrzehnten vor dem Ersten Weltkrieg eine Blüte, vor allem durch die Werftindustrie (Blohm & Voss, die Zweiggründung der Stettiner Vulcan-Werft und die Deutsche Werft), aber auch durch lebensmittel- und rohstoffverarbeitende Betriebe sowie durch die chemische Industrie und Arzneimittelproduktion. Lange Zeit gelang es den jungen Industriebetrieben allerdings nicht, sich vollständig in die traditionellen Hamburger Institutionen des ökonomischen Lebens zu integrieren, und sie entbehrten zudem einer eigenen, schlagkräftigen Interessenvertretung.

Die sicherlich schillerndste Karriere in der Zeit der Ozeanriesen machte zweifellos Albert Ballin (1857–1918), jüdischdänischer Abstammung, der es schaffte, aus ärmlichen Verhältnissen zu einem der bedeutendsten Reedereichefs und Vertrauten Kaiser Wilhelms II. aufzusteigen. Ballins Vater hatte nach dem Umzug von Jütland in die Elbmetropole eine Auswandereragentur gegründet, die Auswanderungswilligen Schiffspassagen und Visa für die Fahrt in die Neue Welt vermittelte. Nach seinem Tod übernahm Albert Ballin als Siebzehnjähriger das Geschäft und weitete es geschickt und beharrlich aus. Er vermittelte immer mehr Schiffspassagen für einen Teil der zwischen 1880 und 1910 insgesamt etwa 17 Mio. ausgewanderten Europäer. Da die deutschen Schiffskapazitäten für den anwachsenden Auswandererverkehr aus dem Deutschen Reich und Mittelosteuropa bei weitem nicht ausreichten – auch die 22 Dampfer der Hamburg-Amerikanischen Paketfahrt-Aktiengesellschaft nicht –, vermittelte er zahlreiche Auswanderungswillige nach England, ehe er 1879 gemeinsam mit dem Hamburger Reeder Edward Carr und zwei alten Frachtschiffen ein eigenes Schiffahrtsunternehmen gründete. Mit Dumpingpreisen lieferte er sich einen Preiskampf mit der HAPAG, fusionierte 1886 mit der Reederei Sloman zur Union-Linie und kündigte daraufhin einen wöchentlichen Liniendienst nach New York an. Aus Furcht vor einem ruinösen Wettbewerb ging die HAPAG schließlich auf den Vorschlag des geschäftstüchtigen Ballin ein, mit der Union-Linie eine gemeinsame Passage-Abteilung zu gründen, mit der beide Unternehmen in das bis dahin von britischen Reedereien dominierte Auswanderergeschäft mit Skandinavien einstiegen.

Im Alter von 31 Jahren stieg Ballin schließlich in das Direktorium der HAPAG auf. Ein erster großer Wurf als Direktor gelang ihm mit der Indienstnahme von vier Luxus-Doppelschraubendampfern, darunter der «Auguste Victoria», die nicht nur im Linienverkehr, sondern auch zu luxuriösen Lustreisen wie beispielsweise ins Mittelmeer eingesetzt wurden. Auf diese Weise avancierte die HAPAG im Laufe der Zeit auch zu einem der weltweit größten Touristik-Unternehmen. 1898 folgte durch die Eröffnung einer Frachtlinie nach Singapur, Shanghai und Yokohama der Einstieg ins zukunftsträchtige Asiengeschäft. Im darauffolgenden Jahr wurde Ballin Generaldirektor der expandierenden HAPAG. Kurz vor Ausbruch des Ersten Weltkrieges besaß seine Reederei schließlich 175 Ozeandampfer, deren Routen – außer Australien – den gesamten Globus umspannten und sogar bis in die deutsche Besitzung Tsingtao in China reichten, darunter die bis dahin größten jemals gebauten Vierschrauben-Turbinendampfer «Imperator», «Vaterland» und «Bismarck». Nur der Eintritt Großbritanniens in den Ersten Weltkrieg und die britische Seeblockade beendeten diesen unvergleichlichen Aufstieg.

Die durch Ballin und andere Hamburger Unternehmerpersönlichkeiten geschaffenen Chancen des Hamburger Arbeitsmarktes bewirkten seit der Reichsgründung eine wachsende Einwanderung von Arbeitskräften vor allem aus den östlichen preußischen und polnischen Gebieten in die Elbmetropole. Die Bevölkerung stieg von etwa 300 000 Menschen um 1871 auf ungefähr 700 000 Einwohner um 1900.

Der Bevölkerungsanstieg und ein wachsendes Mobilitätsbedürfnis machten den Ausbau des öffentlichen Personennahverkehrs in die umliegenden Vororte und innerhalb der Stadt selbst erforderlich. Schon seit 1839 verkehrten Pferdeomnibusse nach Altona und Wandsbek sowie seit Ende der 1840er Jahre nach Blankenese. Seit 1851 fuhr eine Wagenfähre (seit 1859 als Dampffähre) über die Norderelbe; und 1865 konnte die Eisenbahnverbindung nach Lübeck fertiggestellt werden, während Altona bereits seit 1844 auf Schienen von Kiel aus erreichbar war. 1906 wurde schließlich der heute immer noch genutzte Hauptbahnhof eröffnet, der mehrere Fernbahnhöfe in der Stadt durch einen einzigen Eisenbahnknotenpunkt ersetzte. Der innerstädtische Nahverkehr hatte schon 1895 mit der Eröffnung einer elektrisch betriebenen Straßenbahn (anstelle der zuvor verkehrenden Pferdebahn) eine deutliche Verbesserung erlebt, und erst 1979 verschwanden die Straßenbahnwagen wieder aus Hamburg, die das Bild der Stadt für so viele Jahre geprägt hatten. 1912 wurde die erste Linie der Hamburger Hochbahn fertiggestellt. Bereits ein Jahr zuvor erleichterte die Eröffnung des Elbtunnels den Personen- und Fahrzeugverkehr zwischen der Stadt und den Hafenanlagen jenseits der Norderelbe in entscheidendem Maße.

Die stetig wachsende Bevölkerung machte auch die Anlage eines neuen Friedhofes notwendig. Schon 1813 hatten die französischen Besatzungsbehörden die Bestattung in den Kirchen selbst verboten, da das häufige Öffnen der Grüfte für Nachbestattungen eine ständige Unfallquelle darstellte und für Verwesungsgeruch in den Gotteshäusern sorgte. Seit dieser Zeit erfuhren die bereits im 18. Jahrhundert vor den Toren der Stadt angelegten Friedhöfe am Dammtor und am Steintor wachsende Akzeptanz, reichten aber in der zweiten Hälfte des 19. Jahrhunderts mit ihren begrenzten Kapazitäten nicht mehr aus. 1877 wurde schließlich der von Johann Wilhelm Cordes gestaltete Friedhof in der Nähe des nördlich der Stadt gelegenen Ortes Ohlsdorf eröffnet.

Daß ein großer Friedhof unumgänglich geworden war, wurde schon anderthalb Jahrzehnte später nur allzu offensichtlich. Zwischen August und Oktober 1892 wütete in Hamburg eine Cholera-Epidemie, die insgesamt etwa 8600 Todesopfer forderte. Eigentlich hätten die Hamburger schon seit längerer Zeit vorgewarnt gewesen sein müssen, denn bereits 1831, 1848 und 1859 war die Cholera trotz Quarantänemaßnahmen über die Stadt hereingebrochen und hatte zahlreiche Tote gefordert. Ursache waren die unbeschreiblich schlechten hygienischen Bedingungen vor allem in den Gängevierteln, wo die Menschen mit ungefiltertem Wasser aus der Elbe versorgt wurden. Erst ein ungeheuer großes, europaweites Echo und die durch die Quarantänemaßnahmen hervorgerufenen ökonomischen Verluste bewirkten ein Umdenken der Hamburger Obrigkeit. So gab sich die Stadt 1898 mit dem «Wohnungspflegegesetz» die Möglichkeit, die schlimmsten städtebaulichen Mißstände zu beseitigen.

Während Hamburg in der zweiten Hälfte des 19. Jahrhunderts zweifellos nicht zu den Zentren der Malerei in Deutschland zählte, erlebte die öffentliche Sammelkultur eine hohe Blüte. 1868 gründete die Stadt die Kunsthalle, die seit 1878 unter der Leitung von Alfred Lichtwark stand. Lichtwark gelang es nicht nur, mit Hilfe großzügiger Spenden einen beeindruckenden zeitlichen Längsschnitt der Hamburger Malerei seit dem Mittelalter zu erwerben, sondern auch Künstler der Gegenwart anzukaufen, was ihm unter seinen Förderern allerdings nicht immer nur Freunde verschaffte. Ebenso wurde 1860 das Museum für Kunst und Gewerbe unter langjähriger Leitung des Hamburgers Justus Brinckmann gegründet, welches 1877 in einer ehemaligen Schule am Steintorplatz untergebracht wurde. Dieses entwickelte sich zu einem zentralen Sammelort für Jugendstil-Gewerbeproduktion.

Musikalisch verzeichnete die zweite Hälfte des 19. Jahrhunderts eine Bach-Renaissance in der Elbmetropole. Nach der Gründung der Bachgesellschaft 1855 folgten Erstaufführungen des Weihnachtsoratoriums, der Matthäus-Passion und der H-Moll-Messe. Aber auch die Werke Richard Wagners fanden großen Anklang. Im Gegensatz dazu wurde der aus den Hamburger Gängevierteln stammende und schon früh zu musikalischem Ruhm gelangte Johannes Brahms (1833–1897) von seiner Vaterstadt recht stiefmütterlich behandelt und führte seine Karriere erst in Wien zu einem Höhepunkt.

Auch im 19. Jahrhundert behauptete Hamburg seine Position als Pressemetropole. Zwischen 1814 und 1900 erschienen hier 193 – teils kurzlebige – Blätter, von denen einige immer wieder durch obrigkeitskritische Äußerungen auffielen und gelegentlich in ihrer Veröffentlichung eingeschränkt wurden, ehe es 1874 mit dem Reichspressegesetz zur Aufhebung der Pressezensur kam.

Im Gegensatz zu vielen anderen deutschen Großstädten verfügte Hamburg bis ins beginnende 20. Jahrhundert hinein über keine eigene Universität, sondern lediglich über das 1613 gegründete Akademische Gymnasium (s. o.). Die Humboldtschen Bildungsreformen und die Revolutionsereignisse in Deutschland hatten den Hamburgern spätestens in den 1840er Jahren die Defizite des als antiquiert geltenden Gymnasiums vor Augen geführt. In den ersten Jahrzehnten des 19. Jahrhunderts wurden jährlich nie mehr als neun Studenten immatrikuliert, da viele Eltern ihre Zöglinge lieber auf die angeseheneren Gymnasien in Stade oder Bremen schickten, so daß die hohen Kosten für die Besoldung der Professoren schließlich in keinem Verhältnis mehr zur Zahl der Studierenden standen.

Als der öffentliche Widerstand gegen die Fortführung des Akademischen Gymnasiums in der bisherigen Form immer lauter wurde, entschieden sich dessen Professoren zum Gegenangriff und gründeten gemeinsam mit anderen interessierten Honoratioren das «Provisorische Comité zur Vorberathung über eine in Hamburg zu gründende Universität» – mit dem Ziel der Umwandlung ihrer altehrwürdigen Bildungseinrichtung in eine Volluniversität. Der Senat – der aus dem Rat hervorgegangen war – favorisierte hingegen eine gänzliche Neugründung und verfügte schließlich 1883 die Auflösung des Akademischen Gymnasiums.

Bis zur Gründung der Universität war das Bildungsangebot in Hamburg durch ein allgemeines öffentliches Vorlesungswesen mit wissenschaftlichen Vortragsreihen und Fortbildungsveranstaltungen für bestimmte Berufsgruppen geprägt. Diese wurden unter anderem von der Stadtbibliothek, dem Botanischen Garten (aus dem gemeinsam mit dem Zoologischen Garten 1934/35 die Grünanlage «Planten un Blomen» wurde) und dem Naturhistorischen Museum durchgeführt. Zur wissenschaftlichen Ausbildung des kaufmännischen Nachwuchses entstanden 1907 auch die Hamburgische Wissenschaftliche Stiftung und im darauffolgenden Jahr das Hamburgische Kolonialinstitut, aus dem nach dem Verlust der Deutschen Kolonien das Hamburgische Weltwirtschaftsarchiv (HWWA) hervorging.

Seit der Jahrhundertwende wurden die Planungen zu einer Universitätsgründung beharrlich vom Senator und Präses der Oberschulbehörde und dem späteren Bürgermeister Werner von Melle (1853–1937) verfolgt. Nach umfangreichen Debatten zur künftigen Organisation der geplanten Hochschule und zu einem Hochschulgesetz vor und auch während des Ersten Weltkrieges erhielt Hamburg im April 1919 seine Universität mit insgesamt vier Fakultäten – allerdings ohne Theologische Fakultät.

II. Zwischen Erstem Weltkrieg und nationalsozialistischer Herrschaft

Hamburg hatte in den vier Jahren des Ersten Weltkrieges um die 40 000 Kriegsgefallene zu beklagen. Mit dem Ende des Kaiserreiches lösten sich auch die von den städtischen Eliten dominierten politischen Machtstrukturen auf. Am 6. November 1918 besetzten meuternde Kieler Matrosen strategische Schlüsselstellungen in der Stadt wie beispielsweise den Hauptbahnhof und den Elbtunnel. Der sich daraufhin konstituierende Arbeiter- und Soldatenrat unter dem Vorsitz von Heinrich Laufenberg bildete eine Übergangsregierung. Nach der Verkündung der Weimarer Verfassung fanden schließlich allgemeine Wahlen in Hamburg statt, bei denen erstmals auch Frauen das Wahlrecht ausüben konnten; und am 24. März 1919 trat die erste demokratisch gewählte Bürgerschaft Hamburgs zusammen, eröffnet von der Alterspräsidentin Helene Lange. Die SPD begründete mit der Deutschen Demokratischen Partei eine Regierungskoalition in Hamburg, die zwischen 1924 und 1933 von der Deutschen Volkspartei unterstützt wurde. Zudem arbeitete die Bürgerschaft eine Verfassung aus, die am 9. Januar 1921 verkündet wurde und das Volk zum Souverän erklärte. Oberste Verfassungsinstitution blieb nach der neuen Verfassung die Hamburger Bürgerschaft, und der Senat bildete unter dem Ersten Bürgermeister Werner von Melle die Regierung, in der zunächst Sozialdemokraten und Angehörige der alten städtischen Eliten in gleicher Zahl Mitglieder stellten.

Die letzten Kriegsjahre und vor allem die erste Nachkriegszeit verzeichneten eine dramatische Mangelernährung unter der Bevölkerung. Lebensmittel waren rationiert, und häufig konnten die ohnehin schon schmalen offiziellen Lebensmittelrationen gar nicht in vollem Umfang ausgegeben werden. Plünderungen von Lagerhallen und schließlich gewaltsame Unruhen im Frühjahr und Frühsommer 1919 waren die Folge, die schließlich nur durch Unterstützung der Reichsregierung mit Hilfe des Freikorps des Generals von Lettow-Vorbeck niedergeschlagen werden konnten.

Zudem beeinträchtigte der Versailler Vertrag das auf den Seehandel ausgerichtete ökonomische Leben Hamburgs massiv. Durch die Auslieferung der deutschen Handelsflotte reduzierte sich nicht nur die Anzahl der im Hafen registrierten Schiffe von 15 073 im Jahre 1913 auf 2234 nur sechs Jahre später, hinzu kamen fehlende Aufträge für die Hamburger Werften wie auch eine Rohstoffknappheit der verarbeitenden Gewerbe durch den Rückgang der Transportkapazität. Erst allmählich gewann der Handel wieder an Fahrt.

Die jungen demokratischen Strukturen Hamburgs erfuhren 1923 mit einem gleichzeitig in Hamburg, Bremen und Thüringen durchgeführten kommunistischen Putschversuch eine Bewährungsprobe. Der in Hamburg vom Kommunistenführer Ernst Thälmann organisierte Staatsstreich scheiterte aber letztlich an der massiven Gegenwehr der Polizei, bei der 61 Kommunisten und 17 Polizisten ums Leben kamen. Schleichender und nachhaltiger verschafften sich seit den 1920er Jahren die Nationalsozialisten Zugang zum politischen Leben Hamburgs. Während 1928 erstmals drei Nationalsozialisten Mitglieder der Bürgerschaft wurden, bildete die NSDAP bereits 1932 mit 51 Abgeordneten die stärkste Fraktion. Im selben Jahr kam es im Umfeld der Reichstagswahlen zu einer wachsenden Radikalisierung des politischen Konfliktes. Den traurigen Höhepunkt bildete der sogenannte «Altonaer Blutsonntag», bei dem es am 17. Juli 1932 im benachbarten Altona zu einer Schießerei zwischen Kommunisten, Nationalsozialisten und der Polizei kam, die neben beinahe 300 Verletzten 18 Todesopfer forderte. Dennoch schnitten die Nationalsozialisten im traditionell sozialdemokratisch geprägten Hamburg bei den Reichstagswahlen am 5. März 1933 mit 38,8% schlechter ab als im gesamten Reichsgebiet mit 43,9%.

Der Hintergrund des massiven Zulaufs zur NSDAP ist in der anhaltenden Wirtschaftskrise der Weimarer Republik zu suchen.

Schon seit Beginn der 1920er Jahre hatte eine dramatische Inflation zu Vermögensverlust und Hunger vor allem unter der Hamburger Arbeiterschaft geführt. Nach einer vorübergehenden Beruhigung der Lage führte schließlich der Schwarze Freitag am 26. Oktober 1929 zu einer beschleunigten Verschlechterung der allgemeinen Lage. In kürzester Zeit stieg die Zahl der Arbeitslosen an und betrug 1932 173 000.

Im März 1933 gelang es den Nationalsozialisten, Hamburg politisch unter ihre Kontrolle zu bringen. Wachsender Druck durch die nationalsozialistische Reichsregierung und die NSDAP in Hamburg in Form von Aufmärschen und anderen Aktionen führten Anfang März zum Rücktritt des sozialdemokratischen Bürgermeisters Carl Petersen und der sozialdemokratischen Senatoren. Nur wenige Tage später kam es zur Bildung eines durch die NSDAP dominierten Senats unter dem nationalsozialistischen Bürgermeister Carl Vincent Krogmann, der sich im Zuge der «Gleichschaltung» eine entsprechende Mehrheit der NSDAP in der Bürgerschaft verschaffte. Schon einige Tage zuvor, am Tag der Reichstagswahlen, besetzten Abteilungen der SA und SS unter dem Gauleiter Karl Kaufmann das Hamburger Rathaus und brachten die Polizei unter ihre Kontrolle. Mit der Auflösung der Bürgerschaft im Oktober 1933 fiel die alleinige politische Macht dem von der NSDAP beherrschten Senat zu, und drei Jahre später wurde auch dieser Senat mit dem «Reichsstatthaltergesetz» zugunsten des Gauleiters in eine reine Beraterrolle gedrängt. Mit der Machtübernahme der NSDAP gingen eine sukzessive Auflösung von Parteien und Gewerkschaften sowie ein Verbot einiger bedeutender Hamburger Zeitungen einher, während andere Publikationen wie das «Hamburger Fremdenblatt» oder das «Hamburger Tageblatt» unter der Kontrolle der Nationalsozialisten standen.

Noch vor der Machtübernahme durch die Nationalsozialisten setzten politische Verfolgungsmaßnahmen in der Stadt ein. So wurden bereits Ende Februar 1933 nach dem Reichstagsbrand 75 Kommunisten in der Stadt verhaftet, und bis zum April war die Führung der in Hamburg einflußreichen KPD praktisch ausgeschaltet, ehe im Juni auch die Führung der SPD inhaftiert

wurde. Die in «Schutzhaft» genommenen politischen Gefangenen wurden meist ins Stadthaus – die Hamburger Gestapo-
Leitstelle – oder ins Untersuchungsgefängnis Holstenglacis ver-
bracht. Bereits am 10. April desselben Jahres wurden die ersten
Häftlinge aber ins Konzentrationslager Wittmoor in Glashütte
im heutigen Norderstedt überführt, welches ursprünglich für
80 Häftlinge vorgesehen war, bald schon aber mit mehr als der
doppelten Anzahl überbelegt war. Weibliche Gefangene waren
seit April 1934 im Konzentrationslager Fuhlsbüttel – in der
Öffentlichkeit unter der Kurzform «Kolafu» bekannt – inhaftiert. Auch die Gefangenen des schon 1934 wieder aufgelösten
KZ Wittmoor landeten in Fuhlsbüttel, welches bald wegen der
brutalen Folterung der Inhaftierten traurige Berühmtheit erlangte. Seit 1940 begann der systematische Ausbau des Konzentrationslagers Neuengamme, welches zuvor schon als Außen-
lager des Konzentrationslagers Sachsenhausen existiert hatte.
Die aus ganz Europa stammenden Häftlinge in Neuengamme
wurden von der Stadt Hamburg zu öffentlichen Bauprojekten,
wie beispielsweise zu Regulierungsarbeiten an den Wasserläufen
in den Vier- und Marschlanden sowie zu Arbeiten in den Hamburger Parkanlagen, herangezogen. Ebenso wurden sie beim
Aufbau und Betrieb des Klinkerwerkes Neuengamme der «Deutschen Erd- und Steinwerke», eines SS-Betriebes, eingesetzt.

Bereits vor der «Machtergreifung» war es in Hamburg auch
zu Übergriffen gegenüber jüdischen Mitbürgern gekommen,
die sich seit dem 1. April 1933, dem Tag des Boykotts jüdischer
Geschäfte, häuften. Viele jüdische Unternehmer gerieten dadurch schon in dieser Frühphase in ernsthafte ökonomische
Schwierigkeiten, ehe 1939 alle jüdischen Gewerbebetriebe ganz
durch die Behörden geschlossen wurden. Schon im Jahr der
«Machtergreifung» verloren auch viele jüdische Arbeitnehmer
sowie die Richter und Beamten jüdischen Glaubens ihren Ar-
beitsplatz in Hamburg. 45 000 Hamburger jubelten, als Gauleiter Kaufmann gemeinsam mit Julius Streicher im Sommer 1935
auf einer Massenveranstaltung Hetzreden über die jüdischen
Mitmenschen hielt. Seit der «Reichskristallnacht» 1938 kam es
zu ersten Massenverhaftungen durch die Gestapo, wobei viele

Juden nach der Zwischeninternierung in Fuhlsbüttel schließlich im Konzentrationslager Sachsenhausen brutal mißhandelt oder umgebracht wurden. Bis zum Herbst 1941 waren etwa zwei Drittel der Hamburger Juden in andere Länder ausgewandert, ehe es zu großen Deportationen kam, bei denen die meisten der verbliebenen Juden zunächst in die besetzten Ostgebiete nach Lodz, Minsk und Riga deportiert und schließlich seit Mitte 1942 nach Auschwitz und Theresienstadt verschleppt wurden.

Die markanteste territoriale Veränderung der Stadt in der Zeit der nationalsozialistischen Herrschaft vollzog sich 1937 mit dem «Groß-Hamburg-Gesetz», das die Angliederung Altonas und anderer Hamburger Nachbargemeinden mit sich brachte. Bereits im Laufe des 19. Jahrhunderts waren Hamburg und Altona immer stärker zusammengewachsen, und viele Hamburger Hafenarbeiter hatten ihren Wohnsitz in Altona genommen. Dennoch fiel die Zollgrenze zwischen beiden Städten erst im Jahre 1888.

Altona hatte sich seit dem ausgehenden 19. Jahrhundert in Richtung Westen ausgedehnt. So wurden 1889 Ottensen eingemeindet, 1890 Bahrenfeld, Othmarschen und Övelgönne. Seit 1919 war Altona bestrebt, eine politisch-territoriale Verschmelzung mit Hamburg durchzuführen, was allerdings von der preußischen Regierung abgelehnt wurde. Statt dessen wurde 1927 das Stadtgebiet Altonas nochmals um Stellingen-Langenfelde, Eidelstedt, Lurup, Osdorf, Groß-Flottbek, Klein-Flottbek, Nienstedten, Blankenese und Sülldorf zu «Groß Altona» erweitert, womit die Einwohnerzahl auf über 232 000 Menschen stieg. Durch das Engagement des jungen Altonaer Bürgermeisters Max Brauer, des preußischen Ministerpräsidenten Otto Braun und des Hamburger Bürgermeisters Carl Petersen gelang 1928 der Abschluß eines Vertrages über die «Hamburg-preußische Hafengemeinschaft», die den gemeinschaftlichen Ausbau der Elbhäfen beider Städte begründete.

Durch eine Entscheidung des preußischen Ministerpräsidenten Hermann Göring wurden schließlich mit dem «Groß-Hamburg-Gesetz» zahlreiche zuvor zu Preußen gehörende Ortschaften Hamburg angegliedert, neben dem bereits erwähnten Altona

Wandsbek, Harburg-Wilhelmsburg, Bramfeld, Duvenstedt, Poppenbüttel und Neugraben. Im Gegenzug gelangten einige wenige Ortschaften wie beispielsweise Geesthacht, Cuxhaven (ohne seinen weiterhin von Hamburg verwalteten Hafen) oder Groß-Hansdorf an Preußen. Der Zugewinn war aber ungleich größer als die Abtretungen, so daß Hamburg sein Territorium auf 74 700 Hektar nahezu verdoppeln konnte. Davon profitierte auch der weitere Ausbau des Hamburger Hafens. Die Einwohnerzahl stieg von 1,19 Mio. auf 1,68 Mio. Menschen.

Der Zweite Weltkrieg wütete in Hamburg mit unvorstellbarer Härte in Form eines Bombenkrieges. Erstmals wurde die Stadt am 18. Mai 1940 bombardiert, wobei die Bomben das eigentliche Ziel, die Werft von Blohm & Voß, verfehlten und im Industriegebiet von Harburg niedergingen. Bis zum Sommer 1943 verliefen die Angriffe im Vergleich zu dem, was noch kommen sollte, vergleichsweise glimpflich. 1940 hatte die Stadt nach 70 Bombenangriffen 125 Tote zu beklagen, 1941 bei 42 Luftangriffen 626 Tote und 1942 bei 15 Angriffen 494 Tote. Seit Kriegsbeginn herrschte Verdunkelung in der Stadt, um den feindlichen Bombern den Zielanflug zu erschweren; Luftschutzbunker wurden errichtet und Flakbatterien aufgestellt, die die Bomber auf Höhen von über 5500 Meter zwangen. Durch den Abwurf großer Mengen an Stanniolstreifen gelang es aber schließlich den alliierten Bombern, die deutschen Radargeräte zu irritieren und die Ortung der Flugzeuge nahezu unmöglich zu machen.

Im Sommer 1943 verwüsteten schließlich britische und amerikanische Bomben im nie zuvor dagewesenen Ausmaß in sieben Angriffswellen zahlreiche Stadtteile Hamburgs. Den Anfang machten in der Nacht vom 24. auf den 25. Juli 791 britische Bomber mit der Operation «Gomorrha». Deren Bomben setzten Teile der Innenstadt, Hoheluft, Eimsbüttel, St. Pauli und Altona in Brand. Es folgten weitere britische und amerikanische Bombenangriffe auf Wandsbek, Eilbek, Hohenfelde, Borgfelde, Hamm, Horn, Hammerbrook, Rothenburgsort und schließlich am 30. Juli auf Barmbek und in geringerem Maße auf Harvestehude, Rotherbaum, Eppendorf, St. Georg, Uhlenhorst, Winterhude und die Innenstadt. Der letzte Angriff am 3. August mußte schließlich auf Grund einer dichten Wolkendecke vorzeitig abgebrochen werden und zeitigte deutlich geringere Schäden. Geprägt waren die Bombenangriffe des Jahres 1943 vom sogenannten «Feuersturm» im ohnehin schon zu dieser Zeit von einer Hitzewelle geplagten Hamburg – orkanartige Winde, die durch die hohen Temperaturen und die große Ausdehnung des Feuers hervorgerufen wurden. Die Menschen, die nicht den Bomben zum Opfer fielen, verbrannten, starben durch Sauerstoffmangel, wurden verletzt oder zogen als ausgebombte Flüchtlinge durch Stadt und Umland. Die Bombenangriffe des Hochsommers 1943 kosteten etwa 35 000 Menschen das Leben.

Die letzten beiden Kriegsjahre forderten wieder weniger Opfer an Menschenleben. Die Bombenangriffe des Jahres 1944 galten vornehmlich Industrie- und Hafenanlagen, aber auch der Hamburger Innenstadt. Ebenso griffen amerikanische Bomber Harburg-Wilhelmsburg an und verursachten hier noch einmal hohe Schäden. Auch die Angriffe 1945 zielten hauptsächlich gegen Hafen- und Industrieanlagen, um die weiterhin produzierende Rüstungsindustrie zu beeinträchtigen. Noch im März wurde aber auch das Schiff der St. Michaeliskirche zerstört, ehe die letzten Bomben am 29. April 1945 über Bergedorf und Billwerder abgeworfen wurden.

Die zur «Festung» erklärte Stadt Hamburg wurde in den letzten Kriegswochen von etwa 20 000 regulären Soldaten und ungefähr 12 000 Mann des «Volkssturms» verteidigt. Der Oberbefehlshaber in Hamburg, Generalmajor Alwin Wolz, kapitulierte mit seinen Truppen am 3. Mai 1945, nachdem weiterer militärischer Widerstand für sinnlos erachtet worden war. Reichsstatthalter Kaufmann und Bürgermeister Krogmann wurden ebenso wie der Führungskader der NSDAP von den einmarschierenden britischen Truppen festgenommen und ins Konzentrationslager Neuengamme überführt.

12. Hamburg auf dem Weg ins 21. Jahrhundert

Hamburg hatte in den sechs Kriegsjahren etwa 45 000 Bomben-opfer, 70 000 Gefallene an der Front sowie mehr als 7800 er-mordete Juden zu beklagen. Von den nahezu 1,7 Mio. Einwoh-nern im Jahre 1939 lebten im Mai 1945 noch ganze 1,1 Mio. in der Stadt. In der Folgezeit strömten dann aber Flüchtlinge in großer Zahl nach Hamburg. Wirtschaftswachstum und wach-sende Attraktivität führten schließlich zu einem Bevölkerungs-höchststand in der Stadt von 1,9 Mio. Menschen im Jahr 1964.

Nach dem Zweiten Weltkrieg zeigte sich die wahre Zerstö-rung. Die Menschen der ersten Nachkriegszeit mußten sich mit einem erheblich reduzierten Wohnungsangebot begnügen. So war nach Kriegsende nahezu die Hälfte aller Wohnungen in Hamburg völlig zerstört, und nur etwa ein Fünftel war unbe-schädigt geblieben. Die Hauptkirchen St. Katharinen, St. Niko-lai und St. Jacobi lagen in Ruinen. Erheblich beschädigt waren auch St. Petri und St. Michaelis. Allein der Turm des «Michel» war als das Wahrzeichen Hamburgs unversehrt geblieben. Ähn-lich dramatisch war auch die Lage bei den Hafen- und Industrie-anlagen, Brücken und den übrigen Verkehrsanlagen. Zunächst mußte es also darum gehen, die etwa 43 Mio. Kubikmeter Trüm-mer zu beseitigen, den brachliegenden öffentlichen Verkehr wie-der in Gang zu setzen, die Versorgung mit Wohnraum, Wasser, Gas und Elektrizität sicherzustellen und Heizmaterial sowie die besonders dringend benötigten Lebensmittel herbeizuschaffen.

Der Alltag der ersten Jahre nach dem Ende des Zweiten Welt-krieges war von großer Not gekennzeichnet. Die Lebensmittel waren rationiert, und nicht selten waren wie nach dem Ende des Ersten Weltkrieges auch nicht einmal die offiziellen Rationen zu haben, so daß Tauschhandel und Schwarzmarkt blühten. Er-schwerend kamen die extrem kalten Winter der ersten Nach-kriegsjahre hinzu. Viele Menschen erfroren in ihren unzureichend gegen Kälte isolierten Wohnungen oder sogenannten Nissenhütten als Behelfsunterkünften; so starben im Hungerwinter 1946/1947 – in dem die Temperaturen auf bis zu minus 28 Grad fielen – 85 Menschen auf diese Weise in der Stadt. Wesentlich mehr Menschen kamen durch Krankheiten und Mangelernährung ums Leben. Kohlen waren knapp, und die nach Hamburg aus dem Ruhrgebiet rollenden Züge waren Ziel regelmäßiger Plünderungen. So rechneten die Behörden mit einem durchschnittlichen Schwund von einem Fünftel der Kohlen auf dem Transport, bisweilen kamen einzelne Waggons aber auch völlig geleert in der Hansestadt an. Der Mangel an Heizmaterial führte nicht allein zu unerträglicher Kälte in den oft nur mangelhaft gegen Außenluft oder Feuchtigkeit isolierten Unterkünften, sondern auch zu regelmäßigen Stromabschaltungen. An die 700 Betriebe waren längerfristig wegen der Stromknappheit geschlossen, und Geschäfte waren allein im Tageslicht geöffnet. Öffentliche Verkehrsmittel verkehrten unregelmäßig, und die Schulen blieben bei Kälte weitgehend geschlossen.

Alle Männer zwischen 17 und 65 Jahren konnten von der britischen Militärregierung zu Aufräumarbeiten verpflichtet werden. Anfänglich noch mit bloßen Händen, wurden im Laufe der Zeit in immer größerem Maße Maschinen zur Trümmerbeseitigung herangezogen. Zum schnelleren Beseitigen der Trümmer wurden ein Teil des Osterbekkanals, mehrere Fleete und eine Kiesgrube bei Öjendorf zugeschüttet. Auf diese Weise konnte bis 1952 etwa die Hälfte der Trümmer beseitigt werden. Wohnraum blieb trotz baldiger Aufräum- und Bauarbeiten auf lange Sicht knapp. Auch wenn bereits 1946 eine Zugangssperre für die Stadt erlassen wurde, strömten in den darauffolgenden vier Jahren an die 200 000 Menschen nach Hamburg. Nachdem der Bundestag den sozialen Wohnungsbau gesetzlich geregelt hatte, entstanden bis 1953 110 000 Sozialwohnungen, während aus zahlreichen Behelfsunterkünften und Schrebergartenkolonien im Laufe der Jahre neue, dauerhafte Siedlungen hervorgingen.

Während weite Teile der Stadt noch lange Zeit nach Kriegsende in Trümmern lagen und nur mühsam wiederaufgebaut wurden, entstanden in den 1950er Jahren bereits einige herausragende architektonische Leistungen. So wurde 1953 neben der Lombardsbrücke die Neue Lombardsbrücke (heute Kennedybrücke) über die Alster fertiggestellt. Zwei Jahre später folgte der Neubau der Hamburgischen Staatsoper in der Dammtorstraße im Stil der fünfziger Jahre. Zwischen 1950 und 1956 entstanden auch die zwölf Grindelhochhäuser, während der Bau der Ost-West-Straße, die weite Teile des alten, zum großen Teil zerstörten Hamburger Stadtzentrums durchschneidet, umstritten blieb. Geprägt wurden Wohnungs- und Straßenbauprojekte maßgeblich vom damaligen Oberbaudirektor Werner Hebebrand, der ein modernes Hamburg mit einer aufgelockerten Bebauung im Blick hatte. Die Gemeinde der noch aus dem Mittelalter herrührenden St. Nikolaikirche bezog ihr angestammtes, zerstörtes Gotteshaus nicht wieder. Sie nutzt statt dessen seit 1962 nördlich des Stadtzentrums in Harvestehude, in der Nähe zum Klosterstern, eine neu errichtete Kirche. Die Ruine der alten Nikolaikirche mahnt währenddessen heute an der Ost-West-Straße an die Zerstörungen des Zweiten Weltkrieges.

Schon bald nach dem Ende der nationalsozialistischen Herrschaft etablierte sich neues demokratisches Leben. Die ersten Amtsträger wurden zunächst von der britischen Militärregierung eingesetzt, so der Erste Bürgermeister Rudolf Petersen und der Zweite Bürgermeister und langjährige Bürgerschaftspräsident Adolph Schönfelder. Die Briten bestimmten auch die Mitglieder der ersten Nachkriegsbürgerschaft, von denen ein beträchtlicher Teil nicht den neu gegründeten Parteien angehörte, sondern Berufs- und Standesgruppen (Gewerkschaften, Religionsgemeinschaften, Grundbesitz, Industrie) repräsentierten. Diese Bürgerschaft arbeitete eine vorläufige Verfassung aus, die am 15. Mai 1946 verkündet wurde. Nach britischem Vorbild wurde zunächst das Mehrheitswahlrecht eingeführt, das der SPD mit den ersten, am 13. Oktober desselben Jahres stattfindenden Wahlen eine überwältigende Bürgerschaftsmehrheit (83 von insgesamt 110 Sitzen) bescherte. Zum ersten demokratisch gewählten Nachkriegsbürgermeister avancierte auf dieser Grundlage der ehemalige Bürgermeister von Altona, der aus dem US-amerikanischen Exil zurückgekehrte Max Brauer (1887–1973).

Mit der Unterzeichnung des Grundgesetzes am 23. Mai 1949 wurde Hamburg als eigenständiges Bundesland Teil der Bundesrepublik Deutschland. Noch im selben Jahr fand auch das städtische Wahlrecht eine Änderung; so wurden fortan von den nunmehr 120 Bürgerschaftsmitgliedern 72 Abgeordnete weiterhin nach dem Mehrheits- und 48 nach dem Verhältniswahlrecht gewählt. Damit wurde eine Stärkung der zuvor kaum vorhandenen Oppositionsparteien CDU, FDP, Deutsche Partei, KPD und Deutsche Konservative Partei erreicht. Ihre bislang endgültige Form erhielt die Verfassung der «Freien und Hansestadt Hamburg» 1952, und vier Jahre später wurden ein ausschließliches Verhältniswahlrecht und die Einführung der Fünf-Prozent-Hürde beschlossen.

Auch wenn zwischen 1953 und 1957 der «Hamburger Block» unter Kurt Sieveking (1897–1986) als Koalitionsregierung aus CDU, FDP und BHE regierte, prägte doch vor allem Max Brauer als Erster Bürgermeister (bis 1953 und 1957–1961) die Politik der Hamburger Nachkriegsära. Gemeinsam mit dem Wirtschaftssenator Karl Schiller wandte sich Brauer erfolgreich gegen die von der SPD angestrebte Sozialisierung von Privateigentum. Schon bald reichte der Ruf des gelernten Glasbläsers Max Brauer als «Vater» der Elbmetropole weit über die Grenzen der Stadt hinaus. Sein Nachfolger Paul Nevermann wurde hingegen noch vor dem Ende seiner ersten Legislaturperiode Opfer innerparteilichen Widerstands innerhalb der SPD und mußte 1965 Herbert Weichmann (1896–1983) das Amt überlassen.

Nach dem Zweiten Weltkrieg stellte der Hafen weiterhin einen wichtigen Lebensnerv der Stadt dar. Der überwiegende Teil der Kaianlagen war unversehrt geblieben, und die Zerstörung von Hafengebäuden und Kränen wurde schon bald als Chance betrachtet, durch neue Hafentechnik Konkurrenzfähigkeit auf Weltniveau zu erreichen. Seit 1951 war der Bau von Schiffen – mit Ausnahme von Kriegsschiffen – wieder gestattet. Allerdings hatten die Hamburger Werften Blohm & Voss und die Deutsche Werft weiterhin Reparationen an die Siegermächte in Form von Maschinen zu leisten. Auch wenn sich mit der Errichtung des Eisernen Vorhangs der Umfang des Hamburger

Warenumschlags mit dem einst weiten ostdeutschen und mittelosteuropäischen Hinterland auf etwa ein Fünftel des Vorkriegs-
niveaus reduzierte, erlebte der Güterumschlag durch einen stetig wachsenden Handel mit Westeuropa einen unvergleichlichen
Aufschwung und erreichte bereits 1955 wieder das Vorkriegs-
niveau. Gleichwohl büßte der Hamburger Hafen die alles herausragende ökonomische und soziale Bedeutung ein, die er noch
unmittelbar bei Kriegsausbruch besessen hatte. Das lag vor
allem daran, daß die Stadt nun wie bereits in der Kaiserzeit weit
über den Hafen hinaus beispielsweise durch die Errichtung von
Erdölraffinerien oder mit der Etablierung von lebensmittelver-
arbeitenden Betrieben zu einem bedeutenden Industriestandort
avancierte. Zur Sicherung des Wirtschaftsstandortes trug aber
ebenso die geringe Zahl an Streiktagen in der Anfangszeit bei.
Erst die 1980er und 90er Jahre brachten einen fundamentalen
Strukturwandel mit einschneidenden Folgen für den Arbeits-
markt mit sich. So führten Werftensterben – die Deutsche Werft
wurde ganz aufgegeben, Blohm & Voss deutlich verkleinert –
und Rationalisierungsmaßnahmen im Hafenbetrieb trotz stetig
steigenden Warenumschlags dazu, daß immer weniger Menschen ihr Auskommen im traditionellen Hamburger Hafensektor
fanden. Hingegen weitete sich der Dienstleistungsbereich in der
Stadt entscheidend aus.

Trotz aller elementaren Probleme artikulierte sich bereits
seit 1946 wieder ein kulturelles und öffentliches Leben. Erste
Tageszeitungen erschienen, und auch die Wochenzeitungen «Die
Zeit» und «Der Spiegel» wurden erstmals gedruckt. In dem-
selben Jahr wurden auch das Deutsche Schauspielhaus und die
Staatsoper – anfangs als Provisorium im Bühnenhaus des be-
schädigten Operngebäudes aus dem 19. Jahrhundert – wieder-
eröffnet, und Ida Ehre gründete die Hamburger Kammerspiele.
Das kulturelle Leben der Nachkriegsjahre ist eng mit den
Namen Rolf Liebermann als Intendanten der Staatsoper und
Gustav Gründgens (1899–1963) als Leiter des Schauspielhauses
verbunden, die den Ruf der Stadt als Kulturmetropole weit über
die Grenzen Norddeutschlands hinaus begründeten. Breitere Bevölkerungsgruppen mit leichterer Unterhaltung sprachen vor

allem das Operettenhaus, das St.-Pauli-Theater und das Ohnsorg-Theater mit seinem niederdeutschen Repertoire an. Und der maritime Charme der Elbmetropole flimmerte in den großen Kinofilmen mit Hans Albers («Auf der Reeperbahn nachts um halb eins», 1954; «Das Herz von St. Pauli», 1957) über die Kinoleinwände der Bundesrepublik. In der Nachkriegszeit etablierte sich die Stadt zudem als Messe- und Ausstellungszentrum wie beispielsweise mit der Ausrichtung der Internationalen Gartenbauausstellung 1953, 1963 und 1973.

Nachdem bereits seit 1924 mit der Nordischen Rundfunk-Aktien-Gesellschaft (NORAG) ein Radioprogramm ausgestrahlt worden war, entstand 1945 durch Initiative der britischen Besatzungsbehörden das «Radio Hamburg». Drei Jahre später ging der Sender, nunmehr als Anstalt des öffentlichen Rechts, im Nordwestdeutschen Rundfunk (NWDR) auf. Mit der Aufspaltung des NWDR entstand schließlich der Norddeutsche Rundfunk (NDR) mit Sitz in Hamburg, der seit 1956 mit zwei Radioprogrammen und Fernsehsendungen in den Wohnzimmern Norddeutschlands und mit der Produktion der «Tagesschau» weit darüber hinaus präsent war. Bereits im Jahr des Kriegsendes etablierte sich ein Rundfunkorchester, ebenfalls seit 1956 unter der Bezeichnung NDR-Sinfonieorchester, welches zwischen 1945 und 1971 unter der Leitung von Hans Schmidt-Isserstedt stand und neben den Hamburger Symphonikern den Ruf Hamburgs als Musikstadt der Nachkriegszeit mitbegründete. Große Erfolge feierte das NDR-Sinfonieorchester mit klassischen und zeitgenössischen Kompositionen noch einmal in den 1980er Jahren unter Günter Wand. Eine neue Epoche in der Geschichte der Hamburgischen Staatsoper begann 1973 mit dem Engagement des Amerikaners John Neumeier als Direktor des Staatsopernballetts.

In immer stärkerem Maße etablierte sich aber auch eine neue, von den Vereinigten Staaten ausgehende Jugendkultur mit Rock- und Jazzmusik. Die Großen der Musikbranche gastierten in Hamburg, wie 1958 der Rocksänger Bill Hailey, bei dessen Konzert das Inventar einer Messehalle Opfer einer Massenschlägerei wurde. Die «Beatles» legten – damals noch als vergleichsweise unbekannte Rockband – im 1962 gegründeten «Star-Club» an der Reeperbahn den Grundstein für ihre Weltkarriere. Nachdem die großen Konzerte seit dem Ende der 1960er Jahre überwiegend in den Hamburger Konzert- oder Messehallen stattfanden, wandelte sich der Kiez von St. Pauli um die Reeperbahn und den Spielbudenplatz zum Vergnügungsviertel mit einer regelrechten Sexindustrie, ohne aber seine Anziehungskraft auch als kultureller Mittelpunkt mit Musicals und Theatern ganz einzubüßen.

Das Jahr 1962 brachte Hamburg in zweifacher Hinsicht in die Schlagzeilen – mit der Flutkatastrophe und der «Spiegel-Affäre». So brach in der Nacht vom 16. auf den 17. Februar 1962 mit der großen Sturmflut und einem Hochwasser von vier Metern über dem mittleren Tidehochwasser ein gänzlich unerwartetes Unglück über Hamburg herein, nachdem ein heftiger Nordwestorkan die Wassermassen der Nordsee in Richtung der Deutschen Bucht gedrängt hatte. Kurz nach Mitternacht brachen die ersten Deiche in Neuenfelde und Altenwerder, während die Behörden später insgesamt mehr als 50 Deichdurchbrüche erfaßten. Schließlich war etwa ein Sechstel der Hamburger Stadtfläche überflutet, wobei die Gebiete zwischen Norder- und Süderelbe mit Wilhelmsburg und Finkenwerder, aber auch die Gegend zwischen Cranz und Moorburg sowie Neuland und Billwerder-Moorfleet besonders schwer getroffen wurden. Um die 100000 Menschen wurden in den niedrig gelegenen Stadtvierteln buchstäblich im Schlaf überrascht. Der damalige Innensenator Helmut Schmidt leitete daraufhin eine vorbildliche Rettungsaktion ein, an der sich neben zivilen Organisationen auch die Bundeswehr und britische Streitkräfte beteiligten. Dennoch waren insgesamt 317 Todesopfer unter den Hamburgern zu beklagen. Die Erfahrungen der Sturmflut führten in der Folgezeit zu einer Erhöhung der Deiche von 5,65 auf bis zu 7,20 Meter, so daß nachfolgende Sturmfluten, wie etwa im Jahre 1976, ohne größere Schäden abliefen.

Trotz der verfassungsmäßigen Garantie der Pressefreiheit wurde Hamburg im selben Jahr Schauplatz der «Spiegel-Affäre». Die Regierung Adenauer ließ im Oktober 1962 auf Grund einer

Berichterstattung über den vermeintlich schlechten Zustand der Bundeswehr die Redaktionsräume des «Spiegel» besetzen und durchsuchen – was letztlich mit dem Rücktritt des Verteidigungsministers Franz Josef Strauß wegen dieser Affäre endete.

Auch die 1960er und vor allem die erste Hälfte der 1970er Jahre verzeichneten große Bauvorhaben, mit denen Hamburg den wachsenden Anforderungen an Wirtschaft und Infrastruktur gerecht zu werden trachtete und die heute das Bild der Stadt prägen. Nach der Begründung einer Geschäftsstadt nördlich der Innenstadt (City Nord) und der Fertigstellung des Fernsehturmes Ende der 1960er Jahre wurde 1973 das Congress Centrum Hamburg im Park Planten un Blomen errichtet; im darauffolgenden Jahr folgten die Fertigstellung der Köhlbrandbrücke, die die beiden Freihafenteile am Köhlbrandkanal miteinander verbindet, sowie 1975 die Einweihung des neuen Elbtunnels im Verlauf der Autobahn von Nord nach Süd. Neue Wohnsiedlungen entstanden um dieselbe Zeit am Osdorfer Born, in Steilshoop und Mümmelmannsberg. Durch die wachsende Attraktivität der neuen Siedlungen und der Hamburger Vororte als Wohnorte drohte allerdings das Stadtzentrum auf Dauer zu einem reinen Geschäftsbezirk degradiert zu werden und vor allem in den Abendstunden zu veröden. Lebten im ausgehenden 19. Jahrhundert mehr als 170 000 Menschen innerhalb der alten Wallanlagen, so waren es in den 1970er Jahren kaum mehr als 12 000. Um wieder Leben in die Straßen der Innenstadt zu bringen, entstanden unter anderem mit dem «Hanse-Viertel», der «Gänsemarkt-Passage» oder der «Alten Post» prestigeträchtige Einkaufspassagen, die das Promenieren und Einkaufen auch an Regentagen zu einem Vergnügen machen.

Seit den ausgehenden 1970er Jahren machte Hamburg aber nicht nur durch große Bauprojekte, sondern auch durch einen erfolgreichen Fußballsport bundes- und europaweit von sich reden. Der schon 1919 durch den Zusammenschluß mehrerer Sportvereine hervorgegangene Hamburger Sport-Verein (HSV) holte im Jahre 1979 erstmals seit 1923 und 1960 (mit Uwe Seeler) den deutschen Meisterschaftstitel an die Elbe, dem 1982 und 1983 weitere folgen sollten. Insgesamt viermal erkämpfte sich der HSV in den 1980er Jahren zudem die Vizemeisterschaft. Auch der 1910 gegründete Nachbarverein FC St. Pauli verzeichnete in dieser Zeit bemerkenswerte und unerwartete Siege, als deren Höhepunkt zweifellos der Aufstieg in die 1. Bundesliga 1988 zu werten ist.

Seit der Regierungszeit des Bürgermeisters Herbert Weichmann und seiner Nachfolger Peter Schulz und Hans-Ulrich Klose führten die 68er-Bewegung wie auch ein steigendes Umweltbewußtsein zu einer wachsenden Politisierung der Öffentlichkeit. Zu ersten Unruhen, die vor allem von Studenten getragen wurden, kam es bereits 1967 während des Besuches des umstrittenen Schahs von Persien mit seiner Frau, Kaiserin Farah Diba. In der Folgezeit richteten sich die Proteste auch gegen die traditionellen Strukturen der Hamburger Universität, denen mit der Parole «Unter den Talaren – Muff von 1000 Jahren» der Kampf angesagt wurde. Daneben geriet der Umweltschutz vor allem in den Auseinandersetzungen um den sogenannten «Stolzenberg-Skandal» oder um die Giftmülldeponie Georgswerder ins Rampenlicht der Öffentlichkeit. Ebenso wurde Unzufriedenheit mit den sozialen Verhältnissen in den 1980er Jahren im Konflikt um die Hausbesetzungen in der Hafenstraße artikuliert. Den Höhepunkt der Auseinandersetzung um die Besetzung mehrerer Häuser an der Hafenstraße brachte der Herbst 1987, als 5000 Mann von Polizei und Bundesgrenzschutz die festungsartig verbarrikadierten Häuser umstellten. Bürgermeister Klaus von Dohnanyi zögerte aus Furcht vor einer Eskalation der Gewalt jedoch, den Einsatzbefehl zu erteilen. Die Hausbesetzer blieben, und 1996 führte der Verkauf der städtischen Häuser an eine Genossenschaft, der viele Hausbesetzer angehörten, zu einer Lösung des Problems und zu einer allmählichen Sanierung der heruntergekommenen Gebäude mit öffentlichen Mitteln.

Auch die Frage nach der Nutzung atomarer Energie in Hamburg mit seinen insgesamt vier Atomkraftwerken in der näheren Umgebung bot reichlich politischen Sprengstoff und führte wegen innerparteilicher Differenzen zum Rücktritt Hans Ulrich Kloses 1981, der sich für einen Ausstieg aus der Atomenergie eingesetzt hatte.

Seit den Bürgerschaftswahlen vom Juni 1982 – die die SPD vorübergehend den Status der stärksten Partei kosteten – ist auch die Oppositionspartei der Grün-Alternativen Liste (GAL) im Hamburger Stadtparlament vertreten. In den darauffolgenden Jahren wechselten die politischen Mehrheiten, ohne daß die SPD das Bürgermeisteramt aufgeben mußte. In wechselnden Koalitionen mit der FDP, der STATT-Partei – einer Gründung des CDU-Abtrünnigen Marcus Wegner – und mit der GAL stellte die SPD die Bürgermeister Klaus von Dohnanyi, Henning Voscherau und Ortwin Runde. Einen politischen Wechsel brachten die Wahlen 2001, aus denen die SPD zwar als stärkste Partei hervorging, die neu gegründete «Partei Rechtsstaatliche Offensive» unter dem umstrittenen Richter Ronald Schill aber mit 19,4% zur drittstärksten Partei aufstieg und mit der CDU unter Ole von Beust als Erstem Bürgermeister und der FDP eine Koalition einging. Nach einer Reihe innerparteilicher Konflikte innerhalb der «Schill-Partei» und zunehmendem Verlust der öffentlichen Akzeptanz löste von Beust diese Koalition bereits 2003 wieder auf und erreichte für die CDU Anfang 2004 erstmals in der Nachkriegsgeschichte die absolute Mehrheit.

Auch wenn die Freie und Hansestadt Hamburg mit gegenwärtig etwa 1,73 Mio. Einwohnern ihren Bevölkerungshöhepunkt in den 1960er Jahren nicht wieder erreicht hat, entfaltet sie auch heute eine unvergleichliche Dynamik in Wirtschaft und Kultur. Bedeutende Wirtschaftskonzerne sind eng mit der Elbmetropole verwurzelt, wie Beiersdorf, Siemens, Unilever, die Holsten-Brauerei oder die Hauni-Werke; und vielleicht hat der eine oder andere Leser dieses kleinen Buches schon einmal irgendwo in der Welt einen Flug in einem an der Elbe gefertigten Airbus gemacht. An höheren Bildungseinrichtungen verfügt die Stadt nicht nur über die Universität Hamburg und die Universität der Bundeswehr, sondern auch über die Technische Universität Harburg, die Hochschule für Bildende Künste, die Hochschule für Musik und Theater und die Hochschule für Angewandte Wissenschaften. Zahlreiche Museen, Theater, Musical-Häuser und Ausstellungen laden zum Besuch ein.

Seit Beginn der 1990er Jahre liefen unter Bürgermeister Henning Voscherau die Planungen für einen neuen Stadtteil an – die Hafen City zwischen Kehrwiederspitze und Elbbrücken mit den alten Speicherhäusern und einer Grundfläche von insgesamt 155 Hektar. Hier sollen einmal etwa 10 000 Menschen wohnen und doppelt so viele arbeiten, wobei erste Projekte wie das SAP-Zentrum bereits realisiert wurden. Damit wendet Hamburg sein Interesse wieder dem Stadtteil zu, mit dem der unvergleichliche Aufstieg der Stadt begann – dem Hafen. Einmal mehr zeigt sich hier, daß Hamburg auch nach mehr als einem Jahrtausend Geschichte dynamische Kräfte zu entfalten in der Lage ist.

Anmerkungen

1 Der Patriot, 125. Stück, 11. April 1726.

2 Rimbert, Ansgars Leben, in: Werner Trillmich, Rudolf Bucher (Bearb.), Quellen des 9. und 11. Jahrhunderts zur Geschichte der Hamburgischen Kirche und des Reiches, (Freiherr vom Stein-Gedächtnisausgabe, Ausgewählte Quellen zur Geschichte des Mittelalters, Bd. XI), 6. Auflage, Darmstadt 1990, S. 43 f.

3 Ebd., S. 51.

4 Adam von Bremen, Bischofsgeschichte der Hamburger Kirche, in: ebd., S. 315.

5 Deutsche Reichstagsakten, Mittlere Reihe, Bd. 3, 2, herausgegeben von E. Bock, Göttingen 1973, S. 1158.

6 Jens Baggesen, Das Labyrinth. Oder: Reise durch Deutschland in die Schweiz 1789, Leipzig und Weimar 1985.

7 Christian Ludewig von Griesheim, Die Stadt Hamburg nach ihrem politischen, oeconomischen und sittlichen Zustande. Entworfen von Christi. Ludew. v. Griesheim, Schleßwig 1759, Vorrede, § 11.

8 Johann Rist, Monatsgespräche, Hamburg 1663, Kapitel «Das Alleredelste Leben».

9 Der Patriot, 1. Stück, 5. Januar 1724.

10 Der Patriot, Bd. 1, Vorwort.

11 Johann Georg Büsch, Versuch einer Geschichte der Hamburgischen Handlung, nebst zwei kleineren Schriften eines verwandten Inhalts, Hamburg 1797, S. 141.

12 Johann Georg Büsch, Erfahrungen, Bd. 3, Hamburg 1792, S. 11.

13 Ebd., S. 24.

Auswahlbibliographie

Gerd Augner, Die Kaiserliche Kommission der Jahre 1708–1712. Hamburgs Beziehung zu Kaiser und Reich zu Anfang des 18. Jahrhunderts (Beiträge zur Geschichte Hamburgs, 23), Hamburg 1983.

Jörgen Bracker, Hamburg. Von den Anfängen bis zur Gegenwart, Hamburg 1987.

Jörgen Bracker, Unser Strom. Hamburg und die Niederelbe von Lauenburg bis Cuxhaven, Hamburg 1995.

Kurt Grobecker (Hg.), Hafen Hamburg. Skizzenblätter einer Weltgeschichte, Hamburg 1985.

Hermann Hipp, Freie und Hansestadt Hamburg (DuMont Kunstreiseführer), Köln 1989.

Werner Jochmann, Hans Dieter Loose (Hgg.), Hamburg. Geschichte der Stadt und ihrer Bewohner, 2 Bde., Hamburg 1982–1986.

Hermann Kaienburg, Das Konzentrationslager Neuengamme 1938–1945, Bonn 1997.

Edmund Kelter, Hamburg und sein Johanneum im Wandel der Jahrhunderte 1529–1929. Ein Beitrag zur Geschichte unserer Vaterstadt, Hamburg 1928.

Eckart Kleßmann, Geschichte der Stadt Hamburg, 5. Auflage, Hamburg 1985.

Martin Knauer, Sven Tode (Hgg.), Der Krieg vor den Toren. Hamburg im Dreißigjährigen Krieg, Hamburg 2000.

Kopitzsch, Franklin, Grundzüge einer Sozialgeschichte der Aufklärung in Hamburg und Altona, 2. Auflage, Hamburg 1990.

Egbert Kossak, Hamburg. Stadt am Fluß, Hamburg 1989.

Erich von Lehe, Die Märkte Hamburgs von den Anfängen bis in die Neuzeit (Vierteljahrschrift für Sozial- und Wirtschaftsgeschichte, Beiheft 50), Wiesbaden 1966.

Karin Maak, Die Speicherstadt im Hamburger Freihafen (Arbeitshefte zur Denkmalpflege in Hamburg), Hamburg 1985.

Volker Plagemann (Hg.), Das Mittelalter in Hamburg. Kunstförderer, Bürgertum, Kirchen, Künstler und Kunstwerke, Hamburg-München 2000.

Martin Reißmann, Die Hamburgische Kaufmannschaft des 17. Jahrhunderts in sozialgeschichtlicher Sicht, Hamburg 1975.

Reinhard Schindler, Ausgrabungen in Alt Hamburg. Neue Ergebnisse zur Frühgeschichte der Hansestadt, Hamburg 1957.

Christian Schnee, Hamburg. Eine kleine Stadtgeschichte, Erfurt 2003.

Uwe M. Schneede (Hg.), Goldgrund und Himmelslicht. Die Kunst des Mittelalters in Hamburg (Ausstellungskatalog), Hamburg 1999.

Schramm, Percy Ernst, Hamburg. Ein Sonderfall in der Geschichte Deutschlands (Vorträge und Aufsätze des Vereins für Hamburgische Geschichte, Heft 13), Hamburg 1964.

Inge Stephan, Hans-Gerd Winter (Hgg.), Hamburg im Zeitalter der Aufklärung, Berlin-Hamburg 1989.

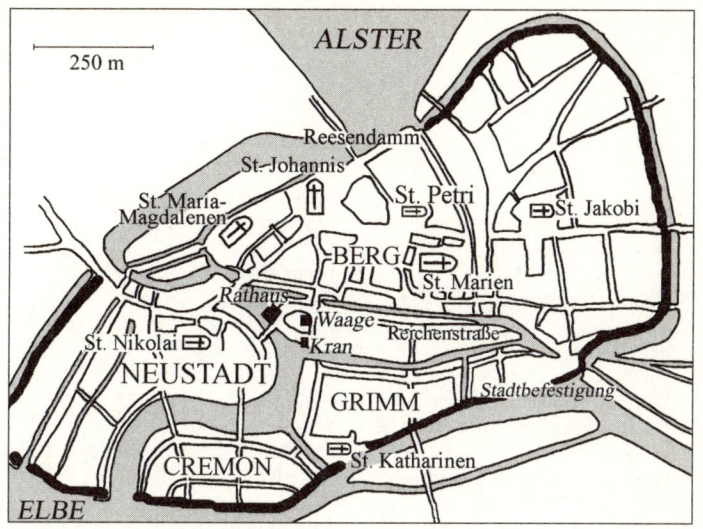

Hamburg im ausgehenden 14. Jahrhundert

Register

Geschichte der Bundesländer
in C.H.Beck Wissen

Bereits erschienen:

Wilhelm Volkert
Geschichte Bayerns
3., ergänzte Auflage. 2006. 128 Seiten mit 1 Karte
(Beck'sche Reihe Band 2602)

Martin Krieger
Geschichte Hamburgs
2006. 127 Seiten mit 1 Karte
(Beck'sche Reihe Band 2606)

Frank-Lothar Kroll
Geschichte Hessens
2006. 128 Seiten mit 2 Karten
(Beck'sche Reihe Band 2607)

Robert Bohn
Geschichte Schleswig-Holsteins
2006. 128 Seiten mit einer Karte
(Beck'sche Reihe Band 2615)

In Vorbereitung:

Geschichte Baden-Württembergs (bsr 2601)
Geschichte Berlins (bsr 2603)
Geschichte Brandenburgs (bsr 2604)
Geschichte Bremens (bsr 2605)
Geschichte Mecklenburg-Vorpommerns (bsr 2608)
Geschichte Niedersachsens (bsr 2609)
Geschichte Nordrhein-Westfalens (bsr 2610)
Geschichte der Rheinland-Pfalz (bsr 2611)
Geschichte des Saarlands (bsr 2612)
Geschichte Sachsens (bsr 2613)
Geschichte Sachsen-Anhalts (bsr 2614)
Geschichte Thüringens (bsr 2616)